大旗出版
BANNER PUBLISHING

大 旗 出 版
BANNER PUBLISHING

改變中國的一千個瞬間

2 隋唐時期～滿清皇朝

朴玉銘◎編著

目　錄

隋唐五代十國：
大唐盛世的極度繁榮

　　公元五八一年，外戚楊堅廢掉年僅七歲的後周靜帝，自立為帝，改國號隋，之後隋文帝南征北戰，滅掉南方的後陳等政權，結束了自西晉末年以來持續了三百年的分裂割據狀態，統一全國，為隋唐盛世奠定了基礎。隋煬帝即位以後荒淫暴虐，橫徵暴斂，農民起義此起彼伏。唐國公李淵趁機起兵，奪取政權，統一天下，建立唐朝。

　　唐太宗李世民即位後，經濟發展，社會穩定，文化繁盛，四夷臣服，從此歷史進入了大唐盛世的空前繁榮時期。然而自安史之亂後，國力日益衰弱。唐朝後期政治日益黑暗，宦官專權，藩鎮割據，黃巢起義之後，唐朝已是名存實亡。公元九〇七年，節度使朱溫廢唐自立，建立後梁。同時南方的節度使紛紛割據自立，稱王稱帝。隋唐以來的統一局面再次被打破後，歷史進入了紛亂割據的五代十國時期。

隋朝（公元五八一年~公元六一九年）

楊堅建立隋朝

　　北周末年，楊堅繼承了其父楊忠的爵位，稱隋國公。公元五七八年，周武帝宇文邕病死後，太子宇文贇即位為北周宣帝，身為宣帝皇后楊麗華之父，楊堅升任上柱國、大司馬，掌握了朝政大權。周宣帝即位後，沉湎酒色，昏庸荒淫，在群臣中沒有威信。

　　於是，楊堅便開始暗暗地積蓄實力，準備取而代之。公元五七九年，周宣帝身患重病，禪位於年僅七歲的兒子宇文闡，是為周靜帝，楊堅做了輔政大臣，遂以左大丞相、都督內外軍事的名義把持朝政。之後，楊堅消除了宗室勢力，又平定了地方勢力的武裝叛亂，為自己的稱帝之路掃清了障礙。

　　公元五八一年，楊堅廢掉外孫周靜帝，自立為皇帝，建國號隋，改元開皇，定都長安，並宣佈大赦天下。楊堅就是隋文帝，他即位後採取了一系列大刀闊斧的改革，整頓吏治，廢除酷刑，輕徭薄賦，使新生的隋朝日益壯大起來。

隋朝統一南北

　　隋文帝代周稱帝後，便開始了統一全國的軍事部署。經過數年

的治理後，隋朝國力日漸強盛。公元五八三年，隋出兵反擊突厥，屢次獲勝，沙缽略可汗於是向隋朝請求和親，暫時停止了戰爭。公元五八五年，隋文帝又滅掉了建都於江陵的後梁。

陳朝傳至後主陳叔寶，政治日益腐敗，庫空民窮，戒備懈怠。公元五八七年，隋文帝採納大臣滅陳之計，多方誤敵、疲敵，迷惑、麻痺陳軍，一方面下詔揭露陳後主罪行，爭取陳國民心，一方面加緊趕造戰船，作好伐陳的準備。公元五八八年，隋文帝以晉王楊廣為行軍元帥，分兵八路南下攻陳。公元五八九年，先鋒韓擒虎、賀若弼分別從采石、廣陵渡江，直取建康，陳軍崩潰。楊廣入建康後，令陳後主下詔書投降，其餘各地紛紛歸附隋朝。

隋文帝出兵不到四個月，便實現了南北統一。公元六〇二年，隋軍再次大破突厥，並奪回了河套地區，把邊界擴展到陰山以北。至此，自東晉以來長達二百七十餘年的分裂局面歸於一統，為隋唐時期的空前強盛奠定了基礎。

實行保閭制度

隋文帝即位之初，為了加強政府對百姓戶口的制度，進而推行均田制和攤派賦稅、擴大稅源，制定了保閭制度。保閭制度規定，縣以下五家為一保，設立保長；五保為一閭，設立閭正；四閭為一族，設立族正。通過層層分級，對戶口進行檢查。

公元五八五年，楊堅又下令整頓戶籍，要求各州縣按照戶籍上的資料逐戶核對，對謊報以逃避課役的情況，一經查出，其保長、閭正、族正等都要受到處罰。對於不實的戶籍情況，朝廷鼓勵民間互相檢舉。同時規定自堂兄以下都必須分居，另立戶籍。這些措施完善了封建的戶籍制度，加強了中央對地方的控制，也使國家的賦

稅大大增加。

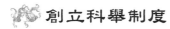 創立科舉制度

魏晉以來，門閥世族把持朝政，門第成為選聘官吏的唯一標準，寒門庶族的人無緣升任高位。而自南北朝開始，庶族地主的勢力不斷增強，寒門庶族之士憑藉才幹和財力登上了政治舞臺，掌握了國家權力中樞，南朝的皇帝也幾乎都是出身寒門。在這樣的情況下，門閥制度逐漸衰落，許多世族大家都在激烈的鬥爭中失去了原有的地位。

隋文帝即位後，為了加強中央集權，籠絡廣大的庶族地主階級，正式廢除了按門第高低選官的九品中正制，將選官權力收歸中央，創立了新的選官制度。鼓勵各級官吏推薦人才，規定各州每年以文章華美為標準選拔三人，推薦給朝廷，並下詔「見善必進，有才必舉」後又命令京官五品以上、地方官總管、刺史等以「志行修謹」（才）、「清平干濟」（德）二科舉薦人才。

隋煬帝楊廣即位後，又創置了進士科，規定國家用考試的方法以才取人，考取的就可以到中央或地方政府中做官，科舉取士的制度正式建立。

科舉制度的實行是古代選官制度的重大改革，在當時它有利於選拔人才，提高行政效率，同時擴大了封建統治的階級基礎，鞏固了中央集權的政治制度。科舉制度一直為以後的封建朝代所沿用，並不斷加以發展和完善，成為封建國家選官的基本制度。

隋文帝頒佈《開皇律》

隋朝建立後，隋文帝為了緩和社會矛盾，針對以前刑罰苛刻的

弊端，在刑法上進行了改革。開皇元年（公元五八一年），隋文帝就命令高熲等人參考北魏、北齊的刑律，以「以輕代重，化死為生」的原則制定了新的刑律。開皇三年（公元五八三年），隋文帝又命蘇威、牛弘等人修改新律，刪除了苛酷的條文，製成了《開皇律》並頒佈實施。

《開皇律》廢除了原來的宮刑、車裂（五馬分屍）、梟首（砍下頭懸掛在旗桿上示眾）等殘酷刑罰，並規定一概不用滅族刑；減去死罪八十一條，流罪一百五十四條，徒、杖等罪千餘條；將刑罰分為死刑、流刑、徒刑、杖刑、笞刑五種，即封建五刑制。

新的刑律對犯人的處置採取審慎態度，有效地防止了冤案的發生。

《開皇律》還設置了十條「重罪」，即謀反、謀大逆、謀叛、惡逆、不道、大不敬、不孝、不睦、不義、內亂，觸犯者從嚴懲治，不予赦免。這就是成語「十惡不赦」的出處，而且規定，貴族官僚犯法，只要不是「十惡」，可減一等治罪或者用銅贖罪。隋文帝的改革使法律減輕了殘酷和野蠻性，在法制上具有劃時代的意義。

大索貌閱

隋朝初年，社會剛剛歸於安定，為了鼓勵和發展農業生產，隋文帝繼續實行北魏開始的均田制，並頒行輕徭薄賦的賦稅政策。同時，隋文帝下令，男女十八歲至六十歲為丁，十七歲以下為中，六十歲以上為老，根據年齡來確定納稅的數額。「丁」即成年男女，所納稅額最高。因此農民隱漏戶口、謊報年齡的現象極為嚴重，直接影響到國家的賦稅收入和對勞動力的控制。

於是，為了查實應納稅額和負擔徭役的實際人口，公元五八

三年，隋文帝下令州縣官吏大規模地清查戶口，即「大索貌閱」。具體方法是「閱其貌以驗老小之實」，即地方官按戶籍上登記的年齡和本人體貌核對，檢查是否謊報年齡，以查出那些逃避賦稅的丁男丁女。如發現核查戶口不實，負責此項事務的三長就要被發配邊疆。

此外，還讓民眾互相檢舉揭發，並讓被檢舉的人代告發者繳賦役，從而使隱漏之人無處躲藏。為進一步加強戶籍管理，還規定堂兄弟同居一家的大家庭進行分戶，以建立容易檢查的小家庭。透過檢查，清理出了大量隱漏的丁，為政府增加了稅收收入。

頒行輸籍之法

在實行「大索貌閱」的同時，公元五八五年，隋文帝採納了宰相高潁設計的「輸籍法」，開始在全國推行貫徹。

「輸籍法」的具體方法是：由中央政府確定劃分戶等的標準，叫做「輸籍定樣」，隨後頒佈到各級地方政府。其關鍵是，人民按照戶等高下的不同，承擔不同的賦稅量，即每家根據資財的不同確定繳納租稅的標準。並規定在每年的正月初五，由縣令親自出查，督查百姓。根據居住地點的遠近，由五黨或三黨（一黨為一百家）組成一團，按照「定樣」，重新確定戶等高下及應納賦稅數額，並寫成「定簿」。

「輸籍法」頒行後，既增加了國家的賦稅收入，也防止了地方官僚在收稅時營私舞弊。

「輸籍法」在某種意義上減輕了人民的負擔，將許多豪強的依附民改造為了國家的編民，許多隱匿的戶口和出逃在外的人口紛紛返回了家園。

「大索貌閱」和「輸籍法」的實施，為隋朝的經濟繁榮作出了重要貢獻。

始創三省六部制

隋朝建立初期，隋文帝為了治理百廢待興、百亂待治的局面，對政治制度進行了一系列重大改革，包括精簡機構、整頓吏治、對官員實行嚴格的獎懲制度等，而其中非常重要的一項就是確立三省六部制，即：在中央設置尚書、門下、內史三省，三省長官共議國政，行使宰相職能，輔助皇帝處理全國事務。

內史省是決策機構，負責起草並宣行皇帝的制詔，長官叫內史令；門下省是審議機構，負責審查內史省起草的制詔和尚書省擬制的奏抄，長官叫納言；尚書省是執行機構，處理全國行政事務，是國家最高行政機關，長官叫尚書令，副長官叫左、右僕射。尚書省下設史、禮、兵、都官（公元五八三年改為刑）、度支（公元五八三年改為民）、工六部，各部長官為尚書，副長官為侍郎。

三省六部制將宰相之職一分為三，避免了權臣專權，並且三省之間互相牽制，實際上加強了專制主義中央集權。三省六部制的實施，開創了封建社會政治體制的新階段。

仁壽宮之變

楊廣，隋文帝次子，公元五八一年封為晉王。公元五八六年，任淮南道行台尚書令。公元五八八年，因帶兵滅陳有功，封為太尉。

楊廣野心勃勃，為了謀取太子之位，偽裝清淡寡欲，謙恭好學，以討父母歡心。同時，他費盡心思陷害太子楊勇，多次在隋

文帝面前誹謗誣陷楊勇，終於引起了隋文帝對太子的猜忌。公元六〇〇年十月，隋文帝發佈詔書，改立楊廣為太子，將楊勇廢為庶人。

六〇四年夏天，隋文帝在仁壽宮避暑時病危，宰相楊素等親信大臣紛紛被召到身邊，準備隨時託付後事。早想取代隋文帝的楊廣，急忙寫信向楊素打探情況，並討教應對措施，不料，楊素的回信被宮人交給了隋文帝，隋文帝看後大怒。很快，楊廣授意親信張衡「伺候」隋文帝。不久，隋文帝駕崩的消息傳出。當天，楊廣派楊約趕回京城，並假傳聖旨，將楊勇賜死。幾天後，楊廣登上了皇帝寶座，是為隋煬帝。

李春建造趙州橋

隋朝統一全國後，結束了長期以來南北分裂、兵戈相見的局面，促進了社會經濟的發展。當時的河北趙縣是南北交通必經之路，交通十分繁忙。可是這一交通要道卻被城外的河所阻斷，影響了人們的來往，一到洪水氾濫的季節，甚至不能通行。

公元六〇五年，李春受命在河上建設一座大型石橋，以結束長期以來交通不便的狀況。李春率領其他工匠一起來到這裡，認真總結了前人的建橋經驗，結合實際情況提出了獨具匠心的設計方案，於幾年後出色地完成了任務。

趙州橋又名安濟橋，長五十公尺，寬九公尺，橋面分為三道，中道行車，兩邊行人，其最大的科學貢獻就是「敞肩拱」的創舉。在大拱的兩肩分別有兩個小拱，既有利於節省石料，增大水流量，減輕橋身的重量，又增強了橋身的穩定性。加之高超的施工技巧，使得趙州橋在漫長的歷史中，經受住了多次洪水衝擊，八次大地震

搖撼，以及人群和車輛的重壓，至今仍挺立在河之上。

趙州橋在中外橋樑史上令人矚目，是當今世界上現存最早、保存最完善的古代敞肩石拱橋，充分顯示了古代工匠在橋樑建造方面的豐富經驗和高度智慧。

修建京杭大運河

隋朝建立後，隋文帝興修水利，開鑿溝渠，經濟不斷恢復，各地的經濟交流日益頻繁。東晉以來，長江流域獲得了充足的開發，經濟中心逐漸南移，而隋朝的政治和軍事中心在北方，因此，為了解決南方物資向北方運輸的問題，同時也為了加強對南方的控制，隋朝從隋文帝時就開始修建大運河。隋煬帝繼位後，為了滿足自己遊樂江南的需要，於公元六〇五年下令開鑿一條貫通南北的大運河，於公元六一〇年完工，即京杭大運河。

京杭大運河以洛陽為中心，北起涿郡（今北京），南到餘杭（今浙江杭州），途經今天的河北、河南、山東、江蘇、浙江、安徽等省，全長二千多公里，分為通濟渠、邗溝、永濟渠、江南河四段，連接了黃河、長江、海河、淮河、錢塘江五大水系。

京杭大運河的長度、河道水深、寬度、通航能力在當時首屈一指，是世界上最雄偉的工程之一。大運河的修建，對加強國家的統一，促進南北經濟文化的交流，作出了重要的貢獻。

然而，開鑿運河的艱巨工程對百姓卻不啻一場災難，隋煬帝強徵幾百萬民工修築運河，嚴重地破壞了生產，大批民工的慘死，激化了階級矛盾。

隋煬帝開發西域

隋煬帝雖然不是一個明君，但他在位期間也做了幾件大事，開鑿京杭大運河、創立科舉考試和開發西域都是頗有開創性的事情。

公元六〇五年，隋煬帝派將領韋雲起擊敗了侵擾北方的契丹族，之後為了暢通絲綢之路，開始了大規模地開發經營西域。六〇八年，隋煬帝派軍滅掉了吐谷渾，開拓了西域地區的數千里疆域，東起青海湖東岸，西至塔里木盆地，北起庫魯克塔格山脈，南至崑崙山脈，將疆域擴展到了前所未有的地區。

隋煬帝在那裡設置郡縣進行管理，並命裴矩考察西域諸國，在武威和張掖設置驛館，接待西域商人和外國使節。公元六〇九年，隋煬帝親率大軍，從長安浩浩蕩蕩地出發，歷盡跋涉之苦，來到河西走廊的張掖巡視。隋煬帝到達張掖之後，西域二十七國的君主和使臣紛紛前來朝見，表示臣服，各國商人也都雲集張掖進行貿易。

隋煬帝的這次西巡歷時半年，又在西域設置了西海、河源、鄯善、且末四郡，進一步擴大了隋朝的行政區域。公元六一〇年，隋煬帝還在洛陽大演百戲，讓西域商人和使者免費食宿，以吸引他們前來朝賀。無疑，隋文帝對他們廣施恩惠，只是借貿易之名來炫耀自己的文治武功，結果使國家耗費了巨額錢財，百姓們也因此負擔沉重。

三征高麗

隋煬帝以高麗王不尊臣禮為由，從公元六一一年開始三次發兵攻打高麗。公元六一一年，隋煬帝自江都（今江蘇揚州）乘龍舟到達涿郡，下令全國的士兵第二年到涿郡集合征討高麗。

次年正月，隋煬帝御駕親征，率領一百多萬大軍向高麗進軍。兵分兩路的隋軍分別中了敵人的緩兵之計和誘敵深入之計，隋煬帝親率的大軍被困於堅城之下，另一路則被打得潰不成軍，隋煬帝只好下令撤軍。

隋煬帝的第一次出征以慘敗告終，隋軍損失三十餘萬人。公元六一三年，隋煬帝再次親征高麗。此次隋軍包圍遼陽城，晝夜不停地猛攻了二十餘日，遼陽岌岌可危，但此時後方負責督運糧草的楊玄感發動叛亂，隋煬帝不得不撤兵回國平亂，第二次出征無果而終，還損失了大量戰略物資。

公元六一四年，隋煬帝第三次出征。隋軍在卑沙城（今遼寧金縣東大黑山）大敗高麗軍，高麗隨即向隋煬帝稱臣請和，並且交出了逃到高麗的隋叛將斛斯政。隋煬帝見已挽回兩敗之辱，遂班師還朝。

隋煬帝為了攻打高麗，調兵徵糧，舉國就役，使隋王朝的國力損失巨大，日漸轉向衰落。連年戰爭，加上苛刻的賦役和水旱災害，給人民帶來深重的災難，終於激起了人民的反抗，各地起義不斷，大隋王朝已經到了山雨欲來的危險局面。

隋煬帝殘暴亡國

隋煬帝繼位後好大喜功，濫用嚴刑酷罰，賦稅勞役沉重，同時生活奢靡，極盡享樂之能事，濫用民力，使百姓痛苦不堪。

隋煬帝在即位之初即下令營建東都洛陽，修建豪華宮殿；徵調百萬民工大修運河，廣建行宮；大運河修建後他多次到南方巡遊享樂，使沿途百姓受盡迎送之苦；此外還三征高麗，勞民傷財，使國力損失殆盡。

在政治上，隋煬帝採取排除異己、培養心腹的用人政策，對於先帝的舊臣和擁護廢太子楊勇的諸臣加以排斥、屠殺，大量重用其滅陳時投於其麾下的人。開國功臣高熲、光祿大夫賀若弼以及在仁壽宮親手害死隋文帝的張衡，先後被隋煬帝所殺，而對他唯命是從、逢迎拍馬的人都成了他的心腹大臣。這些人不但不能輔佐隋煬帝，幫助他治理好國家，反而還助紂為虐，增加了隋煬帝的暴行。

隋煬帝的殘暴統治，終於使人民忍無可忍，揭竿而起，剛剛建立不久的隋朝，最終落到國破人亡的悲慘下場。

瓦崗起義

從公元六一一年開始，隋煬帝接連發動了三次攻打高麗的戰爭，每次徵兵都是三四百萬人，還要徵調大量的民工修造戰船。

農民的賦稅、兵役十分沉重，農民餓死累死的情況十分嚴重，餓殍遍野，民怨沸騰。公元六一一年，山東鄒平人王薄在章丘附近的長白山起義，揭開了隋末農民起義的序幕，之後南北各地的農民紛紛揭竿而起，反對隋朝，到公元六一四年，農民叛亂隊伍竟然達到了一百三十多支。公元六一一年，翟讓在瓦崗寨（今河南滑縣南）起義，舉兵反隋。隊伍很快發展到了一萬多人，多次擊敗隋軍的圍剿。

公元六一六年，李密投奔翟讓後向翟讓建議推翻隋朝。翟讓採納李密的建議，攻佔隋朝重要軍事據點滎陽（今河南鄭州西），並把隋煬帝派來鎮壓的兩萬大軍全部殲滅，名聲大振，隊伍也迅速發展到了幾十萬人。

翟讓等推舉李密為主，號稱魏公。此後，瓦崗軍節節勝利，直逼東都洛陽。與此同時，瓦崗軍內部發生分裂，翟讓與李密的矛盾

公開激化，之後李密以賜宴為名，殺害了翟讓等重要的農民將領。此舉導致瓦崗軍將卒離心，大大削弱了起義軍的力量。

　　公元六一八年六月，在高官厚祿的誘惑下，李密率軍投降了在洛陽繼帝位的隋皇泰主楊侗，使瓦崗軍喪失了反隋的鬥志。最終，李密被發動宮廷政變的王世充打敗，只得率部投靠李淵，不久，因反唐而被殺。

宇文化及造反

　　公元六一六年，隨著農民叛亂的日益升高，各地的割據軍閥勢力為了維護自己的利益也紛紛起兵，隋軍的主力紛紛瓦解，隋煬帝異常恐慌，於是逃亡江都，試圖尋找機會挽救危局。公元六一七年，李淵父子攻克長安，李密包圍了東都洛陽。

　　隋煬帝不敢再回北方，於是打算逃往江南，準備遷都建康，割據江東。隋煬帝的禁衛軍將士都是關中人，現在見隋煬帝不僅久居南方，而且還要南遷，更加思歸心切，紛紛密謀叛逃。公元六一八年三月三日，將領司馬德勘、裴虔通、元禮等人推舉宇文化及為首，發動江都政變，縊殺了隋煬帝，立隋煬帝之侄楊浩為帝，宇文化及自稱大丞相，掌握了朝政大權之後宇文化及率兵十萬返回長安，在鞏縣為李密帶領的瓦崗軍擊敗，率殘部兩萬人逃入魏縣（今河北省大名縣南）。

　　宇文化及感慨道：「人生故當死，豈不一日為帝乎！」遂於公元六一八年九月殺死了傀儡皇帝楊浩，自立為帝，國號為許，改元天壽。

　　公元六一九年，竇建德以為隋煬帝報仇之名擒獲宇文化及，並將他和兩個兒子一同處斬，宇文化及所建政權即告滅亡。

 楊政道建立後隋

　　宇文化及被竇建德殺死後，隋煬帝的皇后蕭氏及孫子楊政道落入竇建德手中。公元六二〇年，竇建德派兵護送蕭皇后及楊政道去東突厥汗國避難，東突厥處羅可汗派人迎接，立楊政道為隋王，並把留在東突厥境內的中原人交給楊政道管治。

　　楊政道建立「大隋」，史稱後隋，「有眾萬人，置百官，皆依隋制，居於定襄」。公元六三〇年，唐朝出兵滅掉東突厥汗國，另外分兵攻破定襄，後隋滅亡。

　　楊政道和蕭皇后返回唐朝，唐太宗封楊政道為員外散騎侍郎，後病逝。

唐朝（公元六一八年~公元九〇七年）

李淵建立唐朝

　　李淵，字叔德，隴西成紀人，世襲唐國公。李淵和隋煬帝是姨表兄弟，頗受器重，先後做過譙州、隴州、岐州刺史，又為榮陽、樓煩郡守。公元六一五年，李淵被調往太原擔任留守，在此他基本解決了塞北突厥的威脅，又打敗了多支反隋軍隊，並透過吸納敗兵不斷壯大力量。

　　隋朝末年，農民起義遍佈全國，李淵深曉隋煬帝猜忌嗜殺，政局動亂，難於自保，因此於公元六一七年與次子李世民趁機起兵反隋。李淵起兵後，一面遣劉文靜出使突厥，請求始畢可汗派兵馬相助，一面召募軍隊，並於七月率師南下。此時瓦崗軍在李密領導下與困守洛陽的王世充激戰正酣，李淵乘隙進取關中，於十一月攻佔長安。

　　李淵入長安後，立隋煬帝之孫代王楊侑為傀儡皇帝（恭帝），改元義寧，遙尊隋煬帝為太上皇；又以楊侑名義自加為大都督、尚書令、大丞相，進封唐王，掌握實權。公元六一八年，隋煬帝在江都被大臣宇文化及殺死，隋朝滅亡。

　　同年五月，李淵廢楊侑自立，改國號唐，改元武德，定都長

安，李淵便是唐高祖。之後封長子李建成為太子，次子李世民為秦王，四子李元吉為齊王。

唐朝統一全國

　　唐朝建立時，各派政治力量還在繼續角逐。李淵以關中為根據地，著手進行統一全國的戰爭。當時，威脅唐政權的是隴右的薛舉、河西的李軌和河東的劉武周，李淵先集中力量剷除了這三大敵人，然後大規模地向中原和江南地區進攻。

　　瓦崗軍被王世充打敗後，李密率殘部降唐。此時，隋鄭國公王世充的勢力不斷壯大，於公元六一九年廢掉隋皇泰主楊侗，自立為帝，建元開明，國號鄭。

　　而農民起義領袖竇建德大敗隋將薛世雄，攻克河間之後，於公元六一八年定都樂壽，國號大夏。之後又於公元六一九年在山東聊城打敗宇文化及，佔有了黃河以北的大部分地區。這樣，王世充和竇建德就成為和唐朝對峙的兩大勢力。公元六二〇年七月，李世民率唐軍進攻洛陽，王世充不支，便向竇建德求援。公元六二一年二月，竇建德率軍援助王世充。

　　李世民與竇建德對峙於虎牢（今河南滎陽汜水鎮）。五月，竇建德兵敗被俘，七天後王世充投降。公元六二三年，唐朝又消滅了竇建德部將劉黑闥的起義軍，統一了河南、河北、山東各地。

　　公元六二一年，李淵命李孝恭、李靖率軍擊破兩湖地區的蕭銑，嶺南各地的勢力紛紛歸附。江淮地區的杜伏威，早在公元六一九年便表示歸降，受封吳王，其部將輔公於六二三年起兵反唐，第二年被鎮壓，江南平定。公元六二八年，唐太宗乘突厥衰亂，派兵攻滅了割據朔方的梁師都。至此，唐朝重新統一了全國。

修訂《唐律》

武德三年（公元六二○年），唐高祖李淵命裴寂等人參照《開皇律》撰定律令，於武德七年（公元六二四年）奏上，是為《武德律》，這是唐代首部法典。

唐太宗李世民即位後，鑒於《武德律》不能完全符合當時的需要，於貞觀元年（公元六二七年）命長孫無忌、房玄齡等人在《武德律》基礎上，參照《開皇律》制定新的法典，至貞觀十一年（公元六三七年）始告完成，稱為《貞觀律》。《貞觀律》基本上確定了唐律的主要內容和風格，對後來的唐律有很深的影響。

唐高宗永徽二年（公元六五一年），長孫無忌等人在《貞觀律》基礎上進行修訂，修成了《永徽律》十二卷。鑒於當時中央、地方在審判中對法律條文理解不一，每年科舉考試中明法科考試也無統一的權威標準，唐高宗在永徽三年（公元六五二年）召集律學通才和一些重要臣僚對《永徽律》進行逐條逐句的解釋，歷時一年，編成《律疏》三十卷，與《永徽律》合編在一起，稱為《永徽律疏》（即《唐律疏議》）。其完成代表著中國古代立法達到了最高水準。

《唐律》保持了隋律中的死、流、徒、杖、笞五種刑罰和「十惡」之條，同時減少了死刑，刑罰上改重為輕者居多，但是對謀反、大逆等罪行都要處以死刑，而且牽連到家屬。

鑄造開元通寶

唐高祖李淵進入長安後，幣制仍沿用漢武帝鑄造的五銖錢，但由於五銖錢輕小淆雜，流通不便，且隨著社會秩序逐漸穩定，經濟開始轉入正軌，五銖錢顯然已經不能適應當時經濟發展的需要。

公元六二一年，唐高祖為整治混亂的幣制，廢除五銖錢，鑄造開元通寶。開元通寶仍沿用秦朝的圓形方孔錢，採用兩錢制，即一兩等於十錢（又叫一文），一錢等於十分，一分等於十釐，一枚開元通寶重一錢。

開元通寶除了銅錢外，還有金幣和銀幣，但是金幣和銀幣不用於流通，而是用於宮廷貴族把玩賞賜。開元通寶的鑄造，結束了五銖錢七百餘年的流通史。

從此，混亂的幣制正式脫離了以重量為名的銖兩體系，而發展為通寶幣制，成為唐以後歷朝的鑄幣標準，沿襲了一千多年，在錢幣發展史上具有劃時代的意義。

實施均田、租庸調制

唐朝建立初期，為了恢復生產，發展經濟，採取了一系列恢復農業生產的措施。唐代繼續實行前朝的均田制和租庸調制，公元六二四年，李淵頒佈了均田令和租庸調法。

唐代均田制取消了奴婢、部曲受田，增加了僧、尼、道士和工商業者受田；為了避免「籍多無妻」以逃避賦稅的現象，規定除寡妻妾外，普通婦女不得受田；貴族、官僚和有功勳者的受田數額大大提高，高達一百頃，而且在一定條件下可以買賣。

租庸調制是在均田制基礎上實行的向授田課丁（人丁）徵派的田租、力庸和戶調三種賦役的合稱。具體規定有：每丁每年繳納「租」粟二石；「調」隨鄉土所產，每年繳納絹二丈、綿三兩或布二丈五尺、麻三斤；每丁每年必須服徭役二十日，有閏月加兩日；如果不服徭役則可以納絹或布替代，每天折合絹三尺或布三尺七寸五分，叫作「庸」。此外，若國家有事須增加服役者，加役十五天者

免調，加役三十天則租調全免，每年的額外加役不得超過三十天。

租庸調法還規定了依照災情輕重，減收或免收租庸調的具體辦法。納絹代役的方法，保證了農民的生產時間，客觀上有利於農業生產。唐中期以後，土地兼併嚴重，均田制遭到破壞，租庸調制無法維持，之後被兩稅法取代。

玄武門之變

李淵有四個兒子，分別是李建成、李世民、李元霸（十六歲夭折）和李元吉。在李淵建唐及統一全國的過程中，李世民功勳最為卓著，但因為他不是嫡長子，所以，唐高祖即位後，便按照傳統慣例立李建成為皇太子，而封李世民為秦王。

公元六二一年，唐高祖特任命李世民為天策上將，此時，李世民在朝廷中的地位僅次於皇帝李淵和皇太子李建成，這就直接威脅到了李建成的地位。

李建成為了確保能順利繼承皇位，就聯合李元吉，採取串通後宮妃嬪、收買李世民的部下等策略來強化自己的勢力，藉以打壓、削弱李世民，甚至召李世民飲酒時在其酒中下毒。公元六二六年，李建成、李元吉借突厥進犯之機，密謀將秦王府的精兵驍將調往前線，以解除李世民的兵權，同時策劃於昆明池設宴，誘殺李世民。李世民得知後，與長孫無忌、尉遲恭、房玄齡等人密商，決定先發制人。

公元六二六年六月四日，李世民率尉遲恭等人埋伏在玄武門附近，李建成和李元吉上朝時經過臨湖殿，發現異常。此時，李世民的伏兵殺出，殺死了李建成和李元吉，然後聲稱「秦王以太子、齊王作亂，舉兵誅之」，並派親信「宿衛」高祖，史稱「玄武門之

變」。三天後，高祖立李世民為皇太子。兩個月後，高祖傳位於太子李世民，自稱太上皇。李世民即位，改元貞觀，是為唐太宗。

貞觀之治

貞觀年間（公元六二七～公元六四九年），唐太宗居安思危，勵精圖治，在君臣的共同努力之下，出現了一個政治清明、經濟發展、社會安定、人民富裕安康的治世，史稱「貞觀之治」。

唐太宗親眼目睹大隋的興亡，所以他即位後，常用隋煬帝作為前車之鑑，來警誡自己及臣下。他把人民和君主的關係比做水與舟，體認到「水能載舟，亦能覆舟」，從而總結出一條重要的統治經驗：「為君之道，必須先存百姓。」因此他在位期間選賢任能，從諫如流，唯才是舉，不計出身，不問恩怨。魏徵曾當過道士，原是太子李建成的舊臣，曾議請謀殺太宗，而尉遲恭做過鐵匠，又是降將，但都受到重用。

唐太宗在經濟上特別關注農業生產，繼續實行均田制與租庸調制，「去奢省費，輕徭薄賦」，使人民衣食有餘，安居樂業。在文化方面大力獎勵學術，組織文士大修諸經正義和史籍，在長安設國子監，鼓勵四方君長遣子弟來留學。此外，唐太宗又屢次對外用兵，經略四方，平東突厥，定薛延陀，征高句麗，聯姻吐蕃、高昌，使唐朝的國威遠播四方。

唐太宗被西北諸國尊為「天可汗」，成為當時東方世界的盟主。

雕版印刷術的出現

我國早在隋唐時期就出現了雕版印刷術。這段時期，政府大力提倡佛教，重視道教，尊重儒學，因此廣泛搜集歷代典籍，此外科

舉制度的確立使得讀書人大大增加。顯然，手工抄寫書籍已無法滿足需求，從而激發了雕版印刷術的發明。

公元八六八年，王玠為二親敬造普施的《金剛經》是現存最早的標有年代的雕版印刷品，現藏於英國倫敦博物館，其刀法純熟，墨色勻稱，字體鮮明，說明當時的雕版印刷技術已十分發達。

雕版印刷首先要刻製印板：把字寫在薄而透明的綿紙上，字面朝下貼在板上，然後用刻刀把反體的墨蹟刻成凸起的陽文，再將其餘空白部分剔除，洗去木屑印板就做好了。印刷時，在印板上均勻加墨，再把紙張覆蓋在板上，用刷子輕輕刷紙，文字就轉印到紙上並成為正字了，最後將紙揭下來後陰乾，整個印刷過程就完成了。

一塊印板可連印萬次，熟練的印工一天可印兩千張，大大提高了文化傳播的效率。但是雕版印刷術印一種書就得雕一次木板，費時費力，而且印完書以後若不再重印，雕版就沒有用了。於是雕版印刷術經歷了唐朝五代十國的發展之後，經宋朝人畢昇加以改良完善，產生了我們熟知的活字印刷術。

魏徵直諫

魏徵（公元五八〇～公元六四三年），字玄成，河北鉅鹿人。家境貧寒，但喜愛讀書，早年曾出家當過道士。後來曾侍奉太子李建成，並多次勸李建成早日除掉威脅到太子之位的李世民。

玄武門之變以後，李世民即位為唐太宗，由於器重魏徵的膽識才能，非但沒有怪罪於他，而且還把他任為諫官。唐太宗在政治上比較開明，他任人唯賢，廣開言路，鼓勵臣下直諫。

魏徵喜逢明主，因此竭誠輔佐，知無不言，言無不盡，加之魏徵性格耿直，往往據理抗爭，從不委曲求全。由於長期生活在社會

底層，還參加過農民起義，所以魏徵對隋王朝的滅亡以及如何治理新興的唐王朝等問題都有精闢獨到的見解，凡提意見或建議，必中要害，因此深得唐太宗器重，經常召其入宮，詢問政事得失。

　　唐太宗在位期間，魏徵前後諫事二百餘件，直陳其過，太宗多虛心接納，擇善而從。魏徵死後，唐太宗傷心地說：「夫以銅為鏡，可以正衣冠；以古為鏡，可以知興替；以人為鏡，可以明得失。魏徵逝，朕亡一鏡矣。」

松贊干布統一吐蕃

　　吐蕃是一個古老的民族，最早源於漢代羌族，很早的時候就開拓了青藏高原地區。到六、七世紀時，吐蕃的農業、畜牧業和手工業得到了很大的發展，逐漸強大起來。

　　吐蕃的國王稱「贊普」，松贊干布的父親是一位很有作為的贊普，生前曾想統一吐蕃各部。父親去世後，年僅十三歲的松贊干布即位，他很快平息了各地的叛亂，統一了青藏高原各部，於公元六三二年定都邏些（今拉薩），建立了吐蕃奴隸制政權。

　　松贊干布又先後降服了周圍的蘇毗、多彌、白蘭、黨項等部，勢力日益強盛。此後，松贊干布開始加強政權建設，設立新的官制，任用賢臣，建立了權力高度集中的政治和軍事機構；又制定法律和稅制，頒佈曆法，統一度量衡，創立本民族的文字——藏文。此外，他還非常致力發展經濟，鼓勵農牧業生產，推廣先進生產技術，使吐蕃迅速發展起來，成為青藏高原上的霸主。

文成公主和親

　　七世紀時，吐蕃的首領松贊干布統一了青藏高原的眾多部落，

以邏些（今拉薩）為首府，建立了奴隸主政權。松贊干布非常仰慕唐朝的強大和繁榮，多次派遣使者向唐王朝求婚。

當時，唐朝擁有世界最先進的經濟文化，唐太宗崇尚「一樁婚姻就相當於十兵」。文成公主知書達理，樸素大方，主動自薦與吐蕃和親。公元六四一年，唐太宗把文成公主許嫁給松贊干布，松贊干布親自到柏海迎接，並為文成公主建築了唐式宮室。

文成公主入藏時，帶去了許多蔬菜種子、手工藝品、藥物、詩文經史以及其他自然科學方面的書籍。此後松贊干布不斷派遣貴族子弟到長安學習，唐朝又派遣釀酒、造紙墨、養蠶等方面的工匠入藏傳授技藝，漢藏人民之間的交流日益增多。

文成公主在吐蕃生活了近四十年，一直備受尊崇。文成公主入藏和親，促進了藏族經濟和文化的發展，也加強了漢藏人民之間的友誼，為民族的交往和融合作出了很大貢獻。

設立安西、北庭都護府

公元六四○年，唐朝攻破高昌後，為了加強對西突厥地區的管理，唐太宗在高昌設立安西都護府。

安西都護府是唐朝設在西域的最高軍政機構，其最高行政長官為安西都護。公元六五八年，安西都護府升為大都護府，管理天山以南直到蔥嶺以西，阿姆河流域的遼闊地區。為了管理天山以北的西突厥故地，唐高宗在位時又設置金山都護府，管轄天山以北、巴爾喀什湖以南、金山以西、兩河流域以東的廣大地區，隸屬於安西都護府。

公元七○二年，武則天滅掉西突厥之後，於庭州設置北庭都護府，取代金山都護府，管理西突厥故地，仍隸屬於安西都護府。公

元七一一年，北庭都護府升為大都護府，管理天山以北包括阿爾泰山和巴爾喀什湖以西的廣大地區，與安西都護府分治天山南北。

這兩個都護府的設置，對於唐朝管理西域地區，行使政治權力有重要的作用，有利於鞏固國家的統一，發展西域和中原地域的經濟文化交流。

玄奘西天取經

玄奘（公元六〇二年～公元六六四年），本姓陳，名禕，洛州緱氏人（今河南偃師縣），隋朝末年出家當和尚。他天資聰穎，學習用功，精讀了許多佛教典籍，但在學習中，他發現有許多疑點一時解決不了，因此決心到佛教的發源地印度拜訪取經，獲取新的知識。

公元六二九年，玄奘自長安出發，隻身西行，穿越西域大小百餘個國家，歷時四年而到達印度。玄奘到印度後跟隨著名的戒賢法師學習，並成為著名的佛教學者。他又周遊印度各地，遍訪名山大寺，與各地僧侶交流。玄奘還在印度多次主持講學和辯論會，以其淵博精深的學識震驚異邦。

在印度潛心學佛十幾年後，公元六四三年，玄奘攜帶精心搜集的六百五十七部經書動身返國，於公元六四五年回到長安。唐太宗在洛陽接見了他，希望他還俗做官，玄奘拒絕了。之後他在長安深居簡出，全心投入翻譯佛經，歷時十九年，譯出佛經一千三百多卷，成為研究印度古代文化的重要典籍。

玄奘根據自己在印度一百多個地方的親身經歷，寫出了一部《大唐西域記》，這是研究古代印度半島各國歷史的重要文獻，被翻譯成多國文字。玄奘為促進佛教的傳播和中印文化交流作出了重大

貢獻。

日本遣唐使來朝

　　唐代的經濟文化空前繁榮，聲名遠播，臨近的東南亞、南亞、中亞、西亞各國紛紛慕名而來，唐朝中外文化交流盛況空前。臨近的日本也多次組織大型遣唐使團來到唐朝，學習唐朝先進的制度和文化。公元六三〇年，舒明天皇派出了第一次遣唐使，至公元八九四年的兩百六十多年間，奈良時代和平安時代的日本朝廷一共任命了十九次遣唐使，其中正式的遣唐使是十二次。

　　這些遣唐使團除了水手之外，還有大批留學生、僧侶和精於各種技藝的工匠，多由博通經史、熟悉唐朝的人組成。

　　遣唐使團少則一二百人，多則五六百人，其中最多的是公元八三八年的一次，竟達六百五十一人。這些遣唐使團為兩國文化交流作出了貢獻，同時，他們將唐朝先進的制度、文化和生產技術帶回國內，促進了日本的封建化進程。

　　由於後期唐朝政局動盪不安，而日本經過兩百多年的學習，也慢慢走上了發展的軌道，日本天皇於公元八九五年廢止了遣唐使。

和同為一家

　　自文成公主入藏和親以後，唐朝與吐蕃之間頻繁交往，政治聯繫也日益加強。

　　公元六四九年，唐太宗逝世後，高宗李治即位，松贊干布致書表示擁護，並進獻金銀珠寶十五件，葬於唐太宗陵墓。

　　唐朝以松贊干布為駙馬都尉，封為西海郡王。從此，凡吐蕃新贊普即位，必須經過唐朝的冊封；贊普去世也要向唐朝告哀。後來

吐蕃第三十六任贊普尺帶珠丹再次向唐要求和親。公元七一〇年，唐中宗將金城公主嫁給尺帶珠丹，並賜給大量的錦緞、工匠、樂譜等。之後，唐與吐蕃之間多次互派使者，修好、朝貢、開展會盟活動，吐蕃的良馬、金器、瑪瑙杯等也隨之傳入中原地區，漢藏人民之間的情誼日漸加深。

公元七二九年，尺帶珠丹上書唐玄宗說：「外甥是先皇帝舅宿親，又蒙將金城公主，遂和同為一家，天下百姓，普皆安樂。」

骨力裴羅統一回紇

隋代到唐朝初年，回紇在色楞格河一帶逐水草而居，臣屬於突厥汗國。因不堪忍受突厥貴族的奴役和壓迫，回紇多次進行反抗。

公元六二七年，回紇人民在其首領菩薩領導下大敗東突厥，聲震北方。東突厥滅亡後，回紇又受到薛延陀部族的控制。後來回紇協助唐朝擊敗薛延陀，並佔據其地，唐朝在那裡設置了羈縻州，並以回紇部為瀚海都督府，以其首領吐迷度為懷化大將軍兼瀚海都督。

公元七四四年，回紇在其首領骨力裴羅的領導下，聯合後突厥統治下的其他各部滅掉後突厥，並佔據其地，唐玄宗冊封回紇首領骨力裴羅為「懷仁可汗」。

骨力裴羅遂統一了漠北，建立起東自黑龍江、西至阿爾泰山的強大的回紇汗國，建牙帳於烏德山。

長慶會盟

九世紀初，因為頻繁發動對外戰爭，再加上內部判亂的打擊，吐蕃日益衰落。於是在唐長慶元年（公元八二一年）派遣使

者向唐求和，要求締結友好盟約。同年十月，唐蕃在長安西郊舉行會盟儀式。

公元八二二年五月，唐朝和盟專使、大理寺卿劉元鼎又率領使團去吐蕃，與吐蕃會盟專使在邏些東郊舉行會盟儀式。公元八二三年，唐朝和吐蕃分別在長安和邏些建碑，刻上盟文及與盟人的姓名。雙方在盟文中重申「和同為一家」的舅甥親誼，要求唐蕃之間要「患難相恤，暴掠不作」，永遠和好相處。

此次會盟在客觀上使吐蕃社會得到了暫時的安定，吐蕃的經濟、文化又有了一定的發展。

自公元七〇六年至公元八二二年的一百多年間，吐蕃與唐朝共會盟八次，此次會盟即是最後一次會盟，因發生在長慶年間，史稱「長慶會盟」，亦稱「甥舅和盟」。

武則天稱帝

武則天是唐開國功臣武士的次女，十四歲時被唐太宗李世民召入宮中為才人，並賜名媚娘。公元六四九年，太宗死後，武則天根據慣例入感業寺為尼。

唐高宗李治即位後，復召武則天入宮，後封為昭儀，進號宸妃，與王皇后、蕭淑妃爭寵。公元六五五年，高宗改立武氏為皇后，武則天借高宗多病之機，逐步控制了朝政，與高宗並稱「二聖」。

公元六八三年，高宗去世後，武則天的第三個兒子李顯即位為中宗，武則天以皇太后臨朝稱制。兩個月後，武則天又廢中宗為盧陵王，立睿宗李旦，繼續臨朝稱制。公元六九〇年，武則天又廢掉睿宗，自稱聖神皇帝，改國號為周，定東都洛陽為神都，史稱「武

周」。

武則天成為中國歷史上第一個女皇帝。她當朝期間，為了鞏固政權，大肆任用酷吏，排除異己，將唐朝元老長孫無忌等人貶逐殺害，誅殺了大批李氏宗親，她還篤信佛教，廣建廟宇，虛耗國庫。

但武則天也是一位很有作為的皇帝，她選賢任能，開南選，創殿試，置武舉，並創立自薦和試官制度，大量選拔優秀的庶族地主做官；經濟上她採取薄賦斂、息干戈、省力役等主張；並兩次出兵打敗了吐蕃貴族的侵犯，收復安西四鎮，設立西域都護。

在其執政的半個世紀中，社會經濟不斷增長，延續了「貞觀之治」時期的繁盛局面，武則天因此成為中國歷史上傑出的女政治家。

公元七○五年正月，李唐王室和舊臣發動政變，擁立唐中宗李顯復位，重建唐朝。同年冬，武則天病逝，享年八十二歲，遺制「去帝號，稱則天大聖皇后」。

請君入甕

武則天當政期間，為了維持自己的統治，採用嚴刑峻法來消除異己，並鼓勵人們互相告密，朝廷上下籠罩在恐怖氣氛之中。

大臣周興和來俊臣都是當時有名的酷吏，成千上萬的人冤死在他們手下。有一次，有人向武則天密告周興夥同丘神績謀反，武則天便派來俊臣去審理這宗案件，並且定下期限審出結果。來俊臣和周興平時關係不錯，為此他感到相當棘手。經過一番苦思冥想，終於心生一計。

一天，來俊臣故意請來周興，兩人飲酒聊天。來俊臣裝出滿臉愁容，對周興說：「犯人總是不肯招供，不知老兄有何新招術？」

周興說：「我最近才發明一種新方法，用一個大甕，四周堆滿燒紅的炭火，再把犯人放進去，不怕他不招！」來俊臣聽了，便吩咐手下人抬來一個大甕，用炭火把大甕燒得通紅。這時，來俊臣突然站起來，對周興說：「有人告你謀反，太后命我來審問你，如果你不老老實實供認的話，那我只好請你進這個大甕了！」周興聽了驚恐失色，知道自己在劫難逃，只好俯首認罪。

中宗復辟

公元六八三年，唐高宗去世後，太子李顯即位，是為唐中宗，然而他即位兩個月之後就被武則天廢為廬陵王，並被軟禁了起來，隨後唐朝進入了武則天執政時期。

公元七〇四年，武則天病重，移居長生殿療養。這時武則天已經年逾八十，體力衰弱，數月不能臨朝，連宰相都不能相見，只有張易之、張昌宗兄弟隨侍左右。

當狄仁傑在世時，武后曾要狄仁傑推薦人才，狄仁傑便推舉了姚元之、張柬之、桓彥範、敬暉等人，這些人和狄仁傑一樣，表面上接受武周的官位，內心卻仍忠於唐室。所以當武則天臥病之時，這些心懷唐室的朝臣便密謀政變。

公元七〇五年初，宰相張柬之等人率左右羽林軍五百餘人，控制玄武門，殺死了曾經權傾朝野的張易之、張昌宗兄弟，擁立太子李顯即位。武則天已經無可奈何，於是正令傳位於太子，李顯遂重新登位，恢復國號為唐，武周政權至此終結。這一次政變是以張柬之等五個人為中心發起，故又稱為「五人之謀」。

🐉 韋后之亂

唐中宗李顯被武則天廢為盧陵王後，先後被軟禁於均州（今湖北省均縣）、房州（今湖北省房縣）十四年，期間只有妃子韋氏陪著他，並不斷地寬慰、鼓勵他，他才堅持了下來。於是中宗暗下決心，如果有出頭之日，一定要善待韋氏。公元六九九年，李顯被武則天召回京城，重新立為太子。公元七〇五年，李顯在唐朝舊臣的支持下復位。

他一即位就立韋氏為皇后，並允許她干預朝政。中宗臨朝，韋后即置幔坐於殿上，預聞政事。中宗又任用婕妤上官婉兒主持撰述詔令，以兒女親家武三思為相，韋后和武三思私通，並和女兒安樂公主及上官婉兒沆瀣一氣，掌控朝政，形成了以韋氏和武氏為首的專政集團，而中宗竟然聽之任之。

太子李重俊非韋氏所生，經常遭到韋后和安樂公主的侮辱。安樂公主又慫恿中宗廢掉李重俊，封她為皇太女，妄圖和武則天一樣當皇帝。於是李重俊於公元七〇七年發動羽林軍殺死了武三思與其子武崇訓，又謀誅韋后和安樂公主，後因羽林軍倒戈，政變失敗而被殺。

此後武、韋集團權勢依舊不減，公元七一〇年，韋氏恐其醜行暴露，安樂公主便欲韋氏臨朝，自為皇太女，遂合謀毒死中宗。之後韋后臨朝攝政，立李重茂為帝，史稱少帝。韋后欲效法武則天，自居帝位。不久後，臨淄王李隆基與太平公主（武則天之女）發動禁軍攻入宮城，殺韋后、安樂公主，迫少帝讓位，立武則天第四子、相王李旦為帝，是為睿宗，李隆基被立為太子。韋后之亂，終告結束。

設立節度使

公元七一一年四月，唐朝開始以賀拔延嗣為涼州都督，充河西節度使，此後節度使成為固定職銜，為常設的軍事長官。至唐玄宗開元、天寶間，北方逐漸形成平盧、范陽、河東、朔方、隴右、河西、安西四鎮、北庭伊西八個節度使區，加上劍南、嶺南兩地，共有十鎮，始成為固定軍區，分別設立節度使進行管理。節度使受命時賜雙旌雙節，得以軍事專殺，行則建節、府樹六纛（大旗），威儀極盛。

節度使的權力日益擴大，集軍、政、財三權於一身，又常以一人兼統兩至三鎮，多者達四鎮。節度使大權獨攬，久任不替，手握重兵，到公元七四二年，全國共分設了十個節度使，領兵四十多萬，而中央和內地所控制的兵力只有八萬。

於是朝廷出現了外重內輕的局面，邊陲勢強，朝廷勢弱，至唐玄宗天寶末年，終於釀成安史之亂。

開元盛世

公元七一二年，唐睿宗傳位於李隆基，是為唐玄宗。次年，太平公主發動政變失敗，被賜死，其黨羽也多被殺。至此唐朝政局日益安定下來。

唐玄宗即位以後，重用姚崇、宋璟等賢相，進行了一系列的改革。其主要措施有：整頓吏治，裁汰冗官，嚴格控制官員的選拔任免；興修水利，發展生產，實行文教；抑制佛教，讓僧尼還俗，沒收寺院多餘的土地；重新登記人口，分給土地，並減輕賦役，免除六年租庸調；整頓軍備，收復失地，等等。

　　唐玄宗在位四十四年，在他統治前期的開元年間是唐朝高度發展的黃金階段，這段時間內，唐朝政治清明，社會安定，經濟得到迅速發展，使武則天以後動盪的唐朝政局重新穩定下來。

　　唐朝進入了極盛時期，成為當時世界上最強盛的國家，史稱「開元盛世」，也叫「開元之治」。

修訂《唐六典》

　　《唐六典》是一部關於唐代官制的行政法典，也是保存至今最早的一部綜合性行政法典。公元七二三年，陸堅受唐玄宗之命修訂《唐六典》，歷經十六年而成書，中間曾多次換人，最後經李林甫進奏唐玄宗。《唐六典》是集賢院撰修著作中歷時最長，耗費心力最為艱難的一部集體創作。

　　依照唐玄宗的意圖，此書本應按《周禮》分為理典、教典、禮典、政典、刑典、事典六個部分，故書名《唐六典》，但因唐代官制與周官大不相同，《唐六典》實際上還是按照唐代國家機關體系進行編纂的。

　　全書共三十卷，以三師、三公、三省六部、九寺、五監、十二衛以至地方三府、督府、州縣等為目，規定了唐代中央和地方國家機關的機構、編制、職責、人員、品位、待遇等，書中又敘述了官制的歷史沿革。

　　本書還收入了許多唐代詔令，涉及均田、賦役、物產、土貢、戶等、差科、屯田等制度，反映了唐代的政治經濟狀況，頗有參考價值。

鑒真東渡

鑒真，俗姓淳于，揚州人，唐代著名高僧。他十四歲在揚州大明寺出家為僧，開始學習佛法，二十歲時遊覽長安、洛陽等地，增長了見聞。回揚州以後，鑒真三十年如一日，講經說法，宣傳教義，教授戒律，成為譽滿江淮、威望崇高的著名高僧。

公元七四二年，已入唐訪求十年的日本僧人找到了鑒真，邀請他到日本傳授戒律。鑒真雖然年事已高，但為了促進佛教在日本的流傳和發展，毅然接受了邀請。從公元七四二年開始，鑒真先後四次東渡，都未能成功。公元七四八年，已屆六十高齡的鑒真從揚州出發，開始了第五次東渡，結果在海上遇到了大風，漂流至海南島。

鑒真雙目失明，三年後又輾轉回到揚州。公元七五三年，鑒真乘坐日本遣唐使團的船隻，第六次東渡，終於在第二年到達日本。鑒真在東大寺設立戒壇院，主持受戒儀式。

僧人受戒要經過三師七證，這是日本佛教不曾有過的，從鑒真東渡以後開始形成定制。公元七五九年，在鑒真的努力下，奈良建立了唐招提寺，鑒真在當地傳佈律宗，使律宗成為日本六大宗教派別之一。公元七六三年，鑒真在日本圓寂。鑒真在兩國文化交流上作出了巨大貢獻，一千多年來一直受到兩國人民的敬仰，日本人稱其為「唐大和尚」。

李林甫、楊國忠專權

唐玄宗統治後期，慢慢地開始陶醉於已有的成績，逐漸驕奢淫逸起來。他聽信讒言，不辨忠奸，於公元七三六年罷黜了張九齡，

任用李林甫為相。李林甫口蜜腹劍，陰險狡詐，諂附玄宗寵妃武惠妃，靠逢迎拍馬而一步步升為禮部尚書，並官至宰相。

唐玄宗納楊玉環為妃之後，更加縱情享樂，荒廢朝政，日日沉湎於歌舞酒色之中。楊貴妃的姐妹兄弟都飛黃騰達，權傾天下。而李林甫居相位長達十九年，他專權跋扈，妒賢嫉能，廣結黨羽，使朝廷內部矛盾重重。而楊玉環的堂兄楊國忠也趁機總攬朝政大權，身兼四十多個職務，媚上欺下，排斥異已，朝廷賄賂之風盛行，朝政腐敗不堪。

公元七五二年，李林甫病重，楊國忠升任為宰相，進一步控制了朝政。而此時，鎮守邊鎮地區的節度使勢力日益壯大，楊國忠和安祿山之間的矛盾終致安史之亂。

🐉 安史之亂

安祿山身兼平盧、范陽、河東三鎮節度使，兵力雄厚，野心勃勃。他洞悉長安朝廷腐朽、實力空虛的內情，又因與宰相楊國忠爭權，遂於公元七五五年十一月，以討伐楊國忠為名，率兵十五萬自范陽起兵叛唐，同年十二月攻入洛陽。次年初，安祿山在洛陽稱大燕皇帝，改元聖武。

此時，平原（今山東德州）太守顏真卿、常山（今河北正定）太守顏杲卿紛紛起兵攻打安祿山，唐將郭子儀、李光弼迅速出師河北。公元七五六年六月，潼關陷落，長安危急，唐玄宗逃往成都。太子李亨奔靈武，同年七月即位，是為唐肅宗，改元至德，遙尊唐玄宗為太上皇。

叛軍攻佔長安後大肆搜刮，日夜縱酒，再無進取之意，唐軍得到了重整軍備的機會。公元七五七年初，安祿山為其子安慶緒所

殺。唐軍乘機收復長安、洛陽等地，安慶緒逃往鄴城（今河南安陽）。此時，留在范陽的安祿山部將史思明不願受安慶緒的制約而降唐。唐封他為歸義王，任范陽節度使，但之後又策劃消滅他。史思明遂反，與安慶緒遙互聲援。

公元七五八年九月，唐派重兵伐討安慶緒，包圍鄴城。次年三月，史思明率兵來援，洛陽再度淪陷。之後，史思明殺安慶緒，返回范陽，稱大燕皇帝。公元七六一年三月，史思明為其子史朝義所殺，叛軍內部離心，屢為唐軍所敗。公元七六二年十月，肅宗死後，代宗李豫即位，借回紇兵力收復洛陽，史朝義兵敗自殺，安史之亂至此平定。戰亂過後，唐朝國力大為削弱，開始由盛轉衰。

馬嵬驛兵變

公元七五六年，安史之亂爆發後，潼關陷落，長安情勢危急，唐玄宗帶皇室宗親、楊貴妃、楊國忠等人逃往蜀地。唐玄宗一行人來到了馬嵬坡驛站（今陝西省興平縣西），護駕的三軍將士突然譁變，強烈要求處死禍國殃民的楊國忠，以謝天下。

這時，恰逢一批吐蕃使者攔住楊國忠，訴說沒有飯吃。憤恨楊國忠的軍士趁機大呼：「楊國忠與胡虜謀反叛國。」群起而攻之，一時刀劍齊出，將楊國忠斬殺於驛站，並將其首級懸掛於驛門之外。

之後，三軍將士仍將馬嵬驛團團圍住，要求唐玄宗處死楊貴妃。唐玄宗為了保全自身性命，忍痛傳下處死貴妃的詔書，隨即高力士將楊貴妃帶到佛堂縊死。

吐蕃軍佔領長安

　　安史之亂前後，唐朝邊防空虛，吐蕃想趁機擴大自己的勢力，雙方邊將也想從戰爭中獲取功名，戰事遂起。吐蕃北面與突騎施聯合，東南與南詔聯合，對唐朝造成巨大威脅。公元七五五年，年僅十三歲的赤松德贊即位為新一任贊普。

　　此時唐朝發生了安史之亂，唐玄宗從長安逃到四川，唐朝遣調了大批對付吐蕃的軍隊去平定叛亂，吐蕃軍趁機佔領了唐朝的隴右、河西、安西四鎮等大片地區。

　　赤松德贊不斷征戰，吐蕃的領土有了很大的擴張。公元七六三年十月，吐蕃又乘唐朝朝政混亂之機，派二十萬軍隊攻入長安，唐代宗李豫倉皇逃出陝州。吐蕃軍佔據長安十五天，立金城公主的姪子（實際上與金城公主同輩）廣武王李承宏為皇帝，並設置百官。但由於吐蕃軍勞師遠征，水土不服，加上唐朝勤王軍隊的逼近，遂主動退兵長安。

藩鎮割據

　　安史之亂後，唐朝分封安史降將田承嗣、李寶臣、李懷仙為節度使，同時在平定安史之亂的過程中，為了討伐叛亂，一些有功之臣也被封為節度使，因此軍鎮制度從邊鎮擴展到了內地。最重要的州皆設立節度使，以指揮軍事；較次要的州設立防禦使或團練使，以扼守軍事要地。於是在現今陝西、山西、河南、安徽、山東、江蘇、湖北等地出現了不少節度使、防禦使、團練使等大小軍鎮，後來又擴充到全國。

　　這些本是軍事官職，但節度使實際上成為地方軍政長官，是州

以上一級權力機構。大則節度，小則觀察，構成唐代後期所謂的藩鎮，亦稱方鎮。

部分藩鎮憑藉自己手中的兵權、財權發動叛亂，和中央對抗，他們割據一方，不受中央政令的管轄，時順時叛，而且彼此征戰。

今河北地區一直存在著名義上仍為唐朝地方官而實際割據一方、不受朝命、不納貢賦的河北三鎮；今山東、河南、湖北、山西也曾在很長一段時期內存在類似的藩鎮。

藩鎮割據持續了數十年之久，使唐王朝混亂不已，但由於政府無力鎮壓，只能聽之任之，後代史家把這種混亂的局面統稱為「藩鎮割據」。

劉晏理財

劉晏，字士安，曹州南華（今山東東明縣）人。幼年才華橫溢，號稱神童，名噪京師。在唐肅宗時代，劉晏由普通地方官升為宰相，所領職務繁多，所任大多以治理財政經濟見長。公元七六三年，劉晏任吏部尚書、門下平章事（副宰相），兼任轉運使。

當時經過安史之亂後，京城遭遇糧荒，糧價飛漲，他「以養民為先」為宗旨，改革漕運，使大量的江淮糧食得以運至長安。同時，他還進行了財政體制改革，推行「常平法」，控制糧價，改革鹽法，對食鹽實行官營商銷的辦法，嚴禁私自買賣。劉晏認為理財措施的落實必須有清明的吏治作保證，因此十分注重任人唯賢，以精明能幹、忠於職守、廉潔奉公作為用人的標準，培養選拔了一大批理財專家。

劉晏勤於政事，嘔心瀝血，幾十年如一日。他上朝時騎在馬上，心裡還在籌算帳目；退朝後在官署批閱文件，常常是夜以繼

日。他飲食簡素，沒有奴婢，死時只留下兩車書籍和幾斗米麥。由於劉晏的理財方針、措施、辦法適應當時經濟殘破的局面和社會的需要，所以使唐王朝的經濟得到了恢復和發展，人民也得以休養生息。

僕固懷恩叛亂

僕固懷恩，鐵勒族僕骨部人，在平息安史之亂中，隨朔方節度使郭子儀東征西討，說服回紇歸唐，再收兩京，平定河南、河北，屢立奇勳。

唐平定安史之亂後，僕固懷恩功高震主，私下與回紇可汗往來。河東節度使辛雲京、中使駱奉仙等人奏報僕固懷恩圖謀造反，唐代宗多次召其入朝，僕固懷恩在副將范志誠勸阻下未遵旨。此後，僕固懷恩既不受朝廷重用，又被猜忌，遂於公元七六四年初派其子僕固瑒率兵攻打太原，辛雲京出城應戰，僕固瑒大敗而歸。

僕固瑒後引兵圍攻榆次，十多天不能攻克，對部屬又刻薄虐待，被部將殺死。同年九月，僕固懷恩糾集回紇、吐蕃、吐谷渾、黨項、奴刺數十萬兵入擾。僕固懷恩在進軍途中突然得急病，只好退兵，行至鳴沙（今寧夏吳忠縣與中寧縣交界處、皋蘭州）時逝去。

僕固懷恩死後，大將張韶代領其兵，被別將徐璜玉所殺；徐璜玉又被范志誠所殺，僕固懷恩部將相繼歸降朝廷。回紇面見郭子儀後請降，並願攻打吐蕃自贖其罪。郭子儀分兵隨其後，在涇州東大破吐蕃兵。至此，僕固懷恩叛亂被平息。

🐉 實行兩稅法

唐中期，地主貴族土地兼併日益嚴重，失去土地而逃亡的農民不計其數。農民逃亡後，政府往往責懲鄰保代納租庸調，結果迫使更多的農民逃亡，租庸調制的維持更加困難。尤其是安史之亂以後，均田制被徹底破壞，賦稅制度變得非常混亂，賦稅制度的改革勢在必行。

公元七七九年五月，唐德宗即位後，宰相楊炎建議實行兩稅法以代替租庸調制。次年初，正式以敕詔公佈。

兩稅法依據「量出以制入」的原則，中央根據財政支出狀況定出總稅額，各地按照中央分配的數額向當地戶丁分夏、秋兩次徵收。兩稅法規定：只要在當地有資產、土地的人，就算當地人，上籍徵稅。同時兩稅法不再按照丁、中的原則徵租、庸、調，而是按貧富等級徵財產稅及土地稅。

兩稅法的徵稅不再以人丁為依據，而以財產、土地為依據，而且愈來愈傾向以土地為徵稅目標。兩稅法實施之後，朝廷收入增加，百姓負擔也有所減輕。兩稅法是土地制度和賦稅制度的一大變化，它不僅擴大了納稅層面，改變了賦稅負擔不合理的狀況，並且為封建社會後期，賦役由戶丁改為田畝、以貨幣賦役代替力役和實物徭役的變革開創了先河。

🐉 奉天之難

唐代宗之長子唐德宗即位後，力圖削藩。公元七八一年初，成德（治恆州，河北正定）節度使李寶臣死後，其子李惟岳向朝廷請求襲其父位，魏博（治魏州，今河北大名東）節度使田悅亦代為請

求，唐德宗堅決拒絕。李、田遂聯合淄青（治青州，今山東益都）節度使李正己、山南東道（治襄陽）節度使梁崇義等人起兵反唐，史稱「四鎮之亂」。七月李正己死，八月其子李納亦請襲父位，唐德宗不准，李納遂反，戰事日益擴大。公元七八三年初，割據淮西（治蔡州，今河南汝南）的節度使李希烈也聯合四鎮，發動叛亂，攻襄城（今屬河南）。

唐德宗派五千涇原（治涇州，甘肅涇川北）兵去解圍，涇原兵路過長安時，因賞賜不周，挾持涇原節度使姚令言譁變，唐德宗逃往奉天（今陝西乾縣）。叛軍推舉當時被軟禁於京城的涇原節度使朱泚為首領，朱泚自稱大秦皇帝，之後率軍攻打奉天未果。此時朝廷援兵已逼近長安，朱泚因此退守長安。

公元七八四年，原本入援奉天的節度使李懷光又聯結朱泚，共同反叛，局勢大亂。五月，唐將李晟等人率兵解除奉天之圍，又攻克長安，朱泚被部下所殺。唐德宗於七月返回長安，並下詔赦免叛亂諸鎮，兵變才得以平息。

宦官專權

唐初有宦官不登三品的規定，但是唐玄宗後期，漸趨荒淫腐朽，此制被打破，宦官逐漸開始參政。

宦官擅權從唐玄宗時的高力士開始，那時四方進奏的文書奏表都要經過他，政事多由他裁決，但他並未掌握軍權。唐肅宗時，宦官李輔國因擁立有功，被封為元帥府行軍司馬，後又兼任兵部尚書，至此宦官開始掌握軍權。

李輔國參與機要，統領禁軍，任免宰相，權傾朝野。再後來宦官的權力愈來愈大，甚至國策的制定，朝臣、節度使的賞罰和任

免，皇帝的廢立，幾乎都由他們所把持。唐朝後期，朝廷已成為宦官集團控制軍政大權的工具，皇帝成了宦官手中的玩物和傀儡。於是出現了宦官專權的局面。

唐後期共有八個皇帝由宦官擁立，兩個皇帝（唐憲宗和唐敬宗）被宦官害死。由此可見，唐朝的宦官專權為中國歷朝之最，遠甚於東漢與明代。

宦官專權壓制開明士大夫參與政事，造成嚴重的政治腐敗，同時，宦官與皇帝、朝臣持續不斷的鬥爭削弱了唐中央統治的力量。因此，日益引起了皇帝和大臣的不滿。

永貞革新

永貞元年（公元八〇五年），唐順宗李誦即位後，決定削弱宦官的權力。他起用東宮舊臣王叔文、王伾主持政務，用韋執誼為宰相。他們與柳宗元、劉禹錫等人結成政治上的革新派，共謀打擊宦官勢力，以扭轉唐王朝日益衰敗的局面。

革新派大臣們相繼採取了削除宦官兵權、削弱藩鎮割據勢力、懲辦貪官、禁止地方官額外進奉等切中時弊的措施。但這些具有進步意義的改革，卻引起了以俱文珍為首的宦官集團及與之相勾結的節度使的強烈反對。

公元八〇五年八月，俱文珍等人發動政變，幽禁唐順宗，擁立太子李純即位。王叔文、王伾等人相繼被貶為外州司馬，王伾外貶後不久即病死。次年，唐順宗被宦官毒殺，王叔文被賜死。

「永貞革新」歷時一百四十六天，最終以失敗而告終。

🐉 元和中興

公元八〇五年，宦官俱文珍等人發動政變，迫使順宗禪位，擁護李純即位，是為唐憲宗。

唐憲宗是唐朝後期較有作為的皇帝，他在位期間，整頓江淮財賦，以增加財政收入。此時，吐蕃勢衰，各地藩鎮在長時間的戰亂中實力也有所削弱，借助這大好形勢，唐憲宗決定「以法度裁制藩鎮」，利用藩鎮間的矛盾，取消宦官監軍，先後平定了劍南西川節度使劉闢、鎮海節度使李錡的叛亂，招降河北強藩魏博節度使田弘正，並集中兵力攻破了朝廷軍隊三十年不能進入的蔡州城，消滅了稱霸一方的淮西節度使吳元濟。

淮西平定後，諸藩恐慌，紛紛歸命，陷於強藩多年的河南、山東、河北等地區又歸中央政府管轄，唐王朝復歸於統一，史稱「元和中興」。

公元八二〇年，因皇位繼承問題，唐憲宗被宦官毒死。元和中興只是唐中期政治上的一度振作。唐憲宗死後，各藩鎮又發動變亂或不稟朝命，宦官專權的局面更加嚴重。

🐉 朋黨之爭

唐朝末期，不僅宦官專權嚴重，官僚士大夫之間也是針鋒相對，他們結黨立派，互相傾軋。其中最突出的是牛李黨爭。「牛黨」是以牛僧孺為首，科舉出身的新權貴，「李黨」是以李德裕為首的公卿世族官僚。

唐憲宗元和三年（公元八〇八年），參加科舉考試時，牛僧孺、李宗閔在策論中批評時政，抨擊當朝宰相李吉甫，遂遭到李吉

甫排斥。到唐穆宗時，牛僧孺曾一度為相，李吉甫之子李德裕等人指斥李宗閔主持科考舞弊，李宗閔等人被貶官，鬥爭更趨複雜。朝廷大臣逐漸分化組合，形成以牛僧孺、李宗閔為首的「牛黨」，和以李德裕為首的「李黨」。

牛黨相對比較保守，而李黨偏重革新，兩黨交替執政，相互攻伐，使腐敗的朝廷更加混亂。

唐武宗時，李德裕高居相位，將李宗閔貶斥流放，將牛僧孺廢黜。

唐宣宗時，牛黨得勢，李黨皆被罷黜，李德裕被貶死於崖州（今廣東瓊山）。兩派相互傾軋四十餘年，史稱「朋黨之爭」。

公元八四七年，牛僧孺病死，雙方首要人物死後，牛李黨爭才告結束。唐文宗為此感慨：「去河北賊易，去朝廷朋黨難。」

甘露之變

唐代後期，宦官擅權專政達到了極點。公元八二六年，宦官劉克明、蘇佐明等人將年僅十八歲的唐敬宗李湛害死，改立唐敬宗之弟李昂為帝，是為唐文宗。

唐文宗即位後，對大權旁落深感不滿，企圖懲治宦官，奪回皇帝喪失的權力。公元八三四年秋，唐文宗拔擢李訓為宰相，又任命鄭注為鳳翔節度使作為京師外援，授以消滅宦官的重任。

公元八三五年十一月，李訓派人奏報左金吾仗院內石榴樹上夜降甘露（天降甘露在封建王朝被認為是好兆頭），建議皇帝親往觀看。唐文宗乃命宦官神策軍左右護軍中尉仇士良、魚志弘等，帶領宦官去察看。而李訓等人已經在院中埋伏好了衛士，本想以觀看甘露為名，將宦官一網打盡。

　　不料仇士良等人至左金吾仗院時，看出了破綻，慌忙奔回，並挾持文宗退入後宮。之後派遣神策軍五百人追捕，逢人即殺，死者六七百人。接著關閉宮城各門搜捕，又殺千餘人。

　　李訓、鄭注等朝廷要員均被殺害，並遭誅族，被牽連而死不計其數。經過這次宦官的大屠殺，朝班幾乎為之一空。從此宦官更加專橫，凌逼皇帝，蔑視朝官，文宗最終鬱鬱而死。

會昌廢佛

　　唐代後期，因佛教寺院土地不納課稅，僧侶免除賦役，所以寺院不斷兼併土地，均田制日益瓦解，損害了國庫收入。公元八四〇年，文宗病死後，手握神策軍兵權的仇士良、魚弘志等人擁立文宗之弟李炎即位，是為唐武宗。

　　唐武宗崇信道教，深惡佛教，即位後即決心滅佛。會昌五年（公元八四五年）四月，唐武宗在道士趙歸真和李德裕的支持下，下令清查天下寺院及僧侶人數。八月，令天下諸寺限期拆毀，計四千六百餘所寺院及四萬所蘭若（私立的僧居）。十月，又令有過失、不修戒行的僧尼還俗。拆下的金銀佛像上繳國庫，鐵像用來鑄造農器，銅像及鐘、磬等用來鑄錢，所拆寺院的財產和田地都由朝廷沒收。

　　此次運動，僧尼迫令還俗者共二十六萬餘人，釋放供寺院役使的良人十五萬以上，沒收良田數十頃。政府從廢佛運動中得到了大量財物、土地和納稅戶，增加了國家稅收。

　　但是，第二年唐武宗死後，唐宣宗即位。唐宣宗崇信佛教，下令恢復唐武宗時被廢的佛寺，並殺死道士趙歸真等人。此後，佛教又興盛起來。

🐉 黃巢起義

唐朝末年，朝政黑暗，官僚層層剝削，土地兼併嚴重，再加連年災荒，百姓流離失所者不計其數。唐懿宗在位時，出現了「富者有連阡陌之田，貧者無立錐之地」的局面，貧苦百姓紛紛揭竿而起，形成燎原之勢。

公元八七五年初，王仙芝、尚讓等在長垣（今河南長垣東北）發動起義，號召人民共舉義旗，唐末農民戰爭於此爆發。

不久，冤句（今山東菏澤西南）人黃巢率眾數千響應。接著王、黃兩軍會合，協同作戰，起義軍攻州克縣，唐軍節節敗退。公元八七八年，王仙芝戰死，其部將尚讓率餘部與黃巢會合，推黃巢為黃王，從此，黃巢成為起義軍的最高領導人。

黃巢自稱「沖天太保均平大將軍」，很快便將隊伍擴展到十餘萬人。義軍接連攻佔東南各地，很快地發展到六十餘萬人，黃巢率軍北上，於公元八八〇年十一月佔領東都洛陽，隨即轉旗西指，於年底突破潼關天險，攻下了京師長安，宦官挾持唐僖宗南逃成都。

黃巢入主長安，安撫百姓，誅殺唐朝宗親，沒收官僚財產，並於十二月號稱帝，國號大齊，改元金統，以尚讓為宰相，朱溫為諸衛大將軍。黃巢起義最終於公元八八四年被鎮壓，但瓦解了唐王朝的統治，唐朝名存實亡。

🐉 朱溫降唐

黃巢被勝利沖昏了頭腦，他既未派大軍追擊唐僖宗，也沒有全力殲滅分鎮關中的各個藩鎮割據勢力，而大齊政權也缺乏必要的經濟政策，生產、財政均無著落，也沒有建立穩固的根據地。

於是，唐朝很快便聯合各地節度使，進行反攻。公元八八二年一月，唐朝起用王鐸，調集各路唐軍，並勾結沙陀貴族李克用，合力包圍長安。長安義軍很快便糧草斷絕，在外無援兵的情況下苦苦支撐。在這千鈞一髮之際，大齊防禦使朱溫叛變降唐，唐僖宗將他賜名「全忠」，授以宣武節度使，並任命為河中行營招討使，和李克用等人共同討伐黃巢。

公元八八三年四月，義軍陷入絕境，黃巢被迫率十五萬大軍撤出長安，退往河南。義軍攻打陳州（今河南淮陽）近一年而不克，於公元八八四年北渡汴水時，遭遇沙陀騎兵的突襲，義軍潰敗，尚讓降唐。黃巢率殘兵退至山東，六月，於狼虎谷自刎而死，起義終告失敗。

白馬驛之禍

黃巢起義之後，唐朝已是名存實亡，各個節度使割據混戰。

公元九〇一年，宣武節度使朱溫因鎮壓黃巢起義有功而晉封為梁王，他在黃巢失敗之時招降納叛，擴充實力，成為中原地區最大的割據勢力。公元九〇五年，朱溫大肆貶逐朝官，接著又在親信李振鼓動下，一天之內把左僕射裴樞、新除清海軍節度使獨孤損、右僕射崔遠、吏部尚書陸扆、工部尚書王溥、守太保致仕趙崇、兵部侍郎王贊等被貶的朝官三十餘人，全部殺死於滑州白馬驛（今河南滑縣境），並投屍於河，史稱「白馬驛之禍」。

此後，唐朝政府的勢力基本上被掃除，政治上已無阻力。兩年以後，朱溫廢唐哀帝自立為皇帝，改國號梁，史稱後梁。唐朝正式滅亡。

孫思邈著《千金方》

孫思邈，京兆華原（今山西耀縣）人，我國唐代傑出的醫藥學家。由於他善談老莊，又兼好佛教經典，所以世稱孫真人或孫處士。

孫思邈在幼年時不幸患病，多方求治，療效不佳，於是努力學醫。他常常救濟鄉鄰而不取分文，自己的疾病也經調理而痊癒。鑒於古代諸家醫方又多又亂，不便檢閱，孫思邈決定編撰一部切合實用的方書。

為此他廣泛收集各種醫書，刪繁補遺，並附上自己的經驗之方，約於公元六二五年撰成《備急千金要方》（又稱《千金方》）。書中記載了五千多帖藥方，有許多是民間單方，還記載了八百多種藥物和兩百多種藥物的採集、炮製方法。

孫思邈十分重視醫德，在《千金方》中寫了專論醫德的「大醫精誠」篇；他還十分重視婦、兒科疾病的診治，將其列於書中卷首。孫思邈埋首醫學研究，躬身醫療實踐，對我國的醫學和藥學發展作出了重大貢獻，被後世尊稱為「藥王」。

繪畫的發展

中國繪畫到了唐代已有非常突出的成就，湧現出許多傑出的畫家，有姓名可考者就有四百多人，而畫工、畫匠更是不計其數，其中唐初的閻立本和盛唐時的吳道子最為人稱道。

閻立本擅長人物畫，精於寫真，筆力蒼勁雄厚，能以簡練的筆法表達出人物的性格，使觀者如見其人。其《凌煙閣功臣二十四人圖》、《太宗步輦圖》、《歷代帝王圖》最為著名，可謂稀世珍品。

吳道子下筆力道磊落雄健，生動而有立體感，擅畫佛道人物，曾在長安、洛陽兩地的寺觀畫壁三百餘間，神鬼、人物、山水、鳥獸、草木、樓閣等均擅長。他畫的人物形態萬千，衣帶飄飛，故有「吳帶當風」之譽，吳道子被畫工封為「祖師」，尊為「畫聖」。

但其流傳下來的僅有《天王送子圖》，可能為宋代摹本。另外，唐代石窟和陵墓中的壁畫，色彩豔麗，場面宏偉，構圖縝密，充分反映了唐朝時期高超的繪畫技巧。

書法的發展

唐代的書法承襲前人的基礎，及至當代已有巨大的發展和突破，名家輩出，書體多樣。初唐時期歐陽詢、虞世南、褚遂良等人皆學習「二王」書體，各有所得，成為一代名家。

張旭、懷素是開元天寶時期的草書大家。張旭的草書「變化無窮，如有神助」，號為「草聖」，而懷素的字體剛勁有力，奔放流暢，變化自如，猶如龍蛇競走，頗有盛譽。

盛唐時期，琅臨沂人顏真卿成就卓著，稱為繼「二王」之後最有成就和影響力的書法家。他工於篆隸，又能將篆隸和行楷融會貫通，突破了二王清瘦妍媚的書體，創造出了方嚴正大、樸拙雄渾、大氣磅礴的「顏體」，其著名作品有《顏氏家廟碑》、《多寶塔碑》等。

「顏體」楷書與趙孟頫、柳公權、歐陽詢並稱「楷書四大家」，後世書法家多以顏體為師。

唐後期的柳公權融諸家書法之長，自成一派，創立了「柳體」。柳體間架嚴謹，風骨挺拔，和顏真卿並稱「顏筋柳骨」。

🐉 詩歌的繁盛

唐代詩歌在吸收漢魏民歌、樂府傳統的基礎上，發展到了登峰造極的地步，是唐代所有藝術成就中最濃墨重彩的一筆，也是世界文學史上的奇葩。

唐代詩人輩出，流派眾多，風格各異，相互爭輝，宛若滿天星斗，震爍古今，流傳至今的有兩千三百多位詩人創作的近五萬首詩歌。在唐代詩人中，最著名的有李白、杜甫、王維、孟浩然、白居易、杜牧、李商隱等人。

唐詩的題材非常廣泛，從社會生活、自然景物到個人感受，描寫了壯美河山、田園生活、社會黑暗、兒女私情、朋友之誼、愛國情懷、個人抱負、人生境遇、離愁別緒等各個方面。在創作方法上，既有現實主義流派、浪漫主義流派，又有這兩種創作方法相結合的典範。

根據描寫內容和創作方法，唐詩大體上分為現實派、浪漫派、田園山水詩派、邊塞詩派。每一派都有其代表人物，留下了許多不朽的詩篇。

🐉 僧一行測量子午線

僧一行（公元六八三年～公元七二七年），本名張遂。武則天時，因為不肯受權貴武三思的拉攏而入嵩山為僧，法號一行，人稱一行和尚。一行自幼博覽群書，精通曆算。唐玄宗即位後，一行應詔來到京都長安，準備編制新曆法。他和梁令瓚等人一起，創制了黃道游儀、水運渾天儀等大型天文觀測儀器和演示儀器，為修訂曆法創造了根基。他用黃道游儀來觀測日月星辰，並發現了恆星有移

動現象，這是世界天文史上一次創舉。

公元七二四年，一行在全國十二個地點觀測北極星的高度和春分、夏至、秋分、冬至當天中午的日影長度，並根據測量資料算出了子午線的一度為三百五十一里八十步（約一百二十九點二公里），這個數字雖然不太精確（現在測算出的一度長為一百一十一點二公里），但這是世界上第一次測量子午線，比西方早了近一百年。

經過多年的觀測和研究，一行於公元七二五年開始改定新曆，公元七二七年編成，取名《大衍曆》。

《大衍曆》的曆法準確，成為後世直到清朝以前編曆的範本。

🐉 陸羽著 《茶經》

陸羽（公元七三三年～公元八○四年），字鴻漸，復州竟陵（今湖北天門市）人，號竟陵子、桑苧翁、東岡子，又號「茶山御史」。

陸羽是一個頗富傳奇色彩的人物，他原是個被遺棄的孤兒，三歲時在西湖之濱被竟陵龍蓋寺住持僧智積禪師收養。在龍蓋寺，他不但學會了識字，還學會了烹茶。但陸羽不願皈依佛法，削髮為僧，於是在十二歲時逃出龍蓋寺，到了一個戲班子裡學演戲。後來經過不斷的學習，他成為了一個大學問家，善於品茶鑒水，談詩論文。

陸羽一生鄙夷權貴，熱愛自然，堅持正義。他對茶葉有濃厚的興趣，長期調查研究，熟悉了茶樹的栽培、育種和加工技術，並擅長鑒茶品茗。公元七六○年，他來到苕溪（今浙江湖州）隱居，在此著書立說，著有《茶經》三卷傳世，成為世界上第一部

茶葉專著。

陸羽一生嗜茶，精於茶道，對中國茶業和世界茶業發展作出了卓越貢獻，被尊為「茶聖」，祀為「茶神」。陸羽還善於作詩，不過其詩文大多失傳。

🐉 古文運動

古文是指先秦兩漢時期的散文，與駢文是相對立的概念。魏晉南北朝時期，駢文非常盛行，佔據了文壇的統治地位。但是駢文一味追求聲律、辭藻和典故，而不重視文章的思想內容，因而空有堆砌之感，浮華空洞，形式僵化，往往不能真實地表達思想和反應社會現實。

於是，從唐朝中期開始，展開了一場反對駢文的文學、思想領域的改革運動，即古文運動。古文運動反對駢文，提倡散文，主張改革文風、文體和語言。其主要代表人物是唐宋八大家之首的韓愈和柳宗元。

韓愈最早提出了「古文」的概念，他反對六朝以來辭藻華麗、注重形式的綺麗柔弱的文風，但又不主張單純的因襲模仿，而是力圖在先秦兩漢散文的基礎上，創造一種更便於表達思想的新散文體。他提倡「文以載道」、言之有物的創作原則，將改革文風與復興儒學結合起來，並身體力行，創作出三百多篇情意真摯、語言新穎的優秀散文。

柳宗元也是古文運動的宣導者，他創作了四百多篇散文，其代表作品《三戒》、《捕蛇者說》、《永州八記》等說理嚴謹，思想深刻，是古文運動時期的代表作。古文運動扭轉了文壇的形式主義弊病，開創了散文寫作的新局面。

傳奇小說的發展

唐代中後期，隨著城市經濟的繁榮、民間故事的流傳和佛教的流行，通俗的文藝形式逐漸被人們接受和喜愛，於是湧現出許多注重情節的傳奇小說。

唐代傳奇的題材多取自現實生活，涉及愛情、歷史、豪俠、神仙等諸多方面，其中以愛情小說的成就最為突出。這些傳奇小說不僅內容豐富，而且在語言、情節、人物塑造等方面已經具備了很高的藝術技巧。

《李娃傳》、《鶯鶯傳》、《南柯太守傳》是唐傳奇的代表作品。唐傳奇是中國古典小說的萌芽，在歷史上有著重要的地位。

宗教的繁盛

佛教自漢代傳入中國後，經過歷代統治者的提倡，傳佈日廣，到唐代時達到了鼎盛時期。唐朝初年，玄奘法師和義淨高僧曾歷經數十年時間，赴佛教的發源地天竺求學，取回經書數千部。

佛經的大量傳入和對佛教釋義的不同，使唐代形成了理論體系不一、規範各異的佛教宗派，主要有天臺宗、法相宗、華嚴宗和禪宗。雖體系各異，但本質相同，都宣揚靈魂不滅、因果報應、生死輪迴等教義，因此被統治者當成麻痺人民的工具而大肆宣揚。尤其是唐朝初期，統治者大建佛寺廟宇、雕刻壁畫、石像等，樂山大佛就是在此時開始興建的。

而隨著絲綢之路的繁榮，莫高窟的開鑿在此時更是興盛。雖然在唐武宗時期經歷了一次大規模的會昌廢佛事件，但武宗死後，佛教很快又興盛了起來。

　　因為唐朝統治者和老子同姓，李淵稱帝後便以老子後裔自居，所以道教在唐朝也興盛了起來。同時，西方景教、伊斯蘭教也紛紛傳入中原，並日益傳播開來。

五代十國（公元九〇七年~公元九七九年）

　　黃巢起義之後，繁盛一時的大唐王朝已是窮途末路，分崩離析。朱溫於公元九〇七年廢唐哀帝自立，建立後梁。而南方各地的節度使也紛紛割據自立，建立了大大小小的政權。

　　中國歷史出現了五代十國並立的局面。五代指的是後梁、後唐、後晉、後漢、後周五個次第更迭的政權。十國指五代之外相繼出現的十個割據政權：南方的前蜀、後蜀、吳、南唐、吳越、閩、楚、南漢、南平（即荊南）九個政權以及北方的北漢，統稱十國。

　　五代十國自公元九〇七年朱溫篡唐開始，到公元九七九年北宋太宗趙光義滅掉最後一個割據政權北漢，統一全國，共經歷了七十多年的歷史。

朱溫篡唐

　　朱溫（公元八五二年～公元九一二年），宋州碭山（今安徽蕭縣）人，曾被賜名朱全忠，稱帝後改名朱晃。黃巢起義後，朱溫加入黃巢軍，並隨軍入長安，後官至同州（今陝西大荔）防禦使。

　　公元八八二年，朱溫在義軍勢弱的情況下叛離黃巢軍而歸唐，唐僖宗賜名全忠，之後與李克用合力討滅黃巢起義軍。以後的十餘年間，朱溫吸收黃巢起義的殘兵舊部，不斷壯大實力，並憑藉汴州

（今河南開封）優越的地理條件，逐步吞併了割據中原和河北地區的藩鎮。

唐昭宗即位後，朱溫因消滅黃巢餘部秦宗權之功，被封為東平王，公元九〇一年又被封為梁王。同年，唐昭宗被宦官韓全誨幽禁，宰相崔胤召朱溫救駕。韓全誨投靠鳳翔節度使李茂貞，朱溫進攻鳳翔。公元九〇三年，鳳翔節度使李茂貞殺宦官韓全誨等七十餘人，與朱溫和解，昭宗回到長安。不久朱溫盡殺宦官數百人，廢神策軍，獨掌朝政大權，完全控制了昭帝。公元九〇四年，朱溫又殺宰相崔胤，逼迫昭宗遷都洛陽。

同年八月，朱溫又指使朱友恭、氏叔琮等人殺死昭宗，另立其幼子李柷為帝，是為唐哀宗。之後朱溫將唐朝舊臣殺害殆盡，並於公元九〇七年廢哀帝自立，是為後梁太祖，定都開封，建國號梁，史稱後梁。

柏鄉之戰

五代初年，後梁太祖朱溫與河東晉王李存勗之間的矛盾日益加劇，為了擴展各自的勢力，對成德、義武、盧龍三藩鎮展開了爭奪。朱溫早就懷疑成德節度使趙王王鎔與李存勗相通，深恐日後難以控制，想儘早除之。公元九一〇年十一月，朱溫以討伐盧龍節度使劉守光為名，派兵三千進駐深州和冀州，企圖消滅成德、義武兩鎮的勢力。

王鎔早就察覺了朱溫之謀，於是和義武節度使王處直聯合，共推晉王李存勗為盟主，李存勗早就覬覦河北三鎮，於是聯合抗梁。朱溫得知後，派兵四萬，於十二月經河陽向柏鄉（今河北柏鄉西南）進軍。王鎔告急，李存勗親自領兵至趙州與大將周德威會合，

王處直也派兵五千支援。晉軍進駐野河北岸，與梁軍隔河對峙。周德威認為，梁軍士氣正旺，不宜速戰，成德、義武兩鎮之兵善守城，騎兵不便進攻營壘，建議按兵持重，退守高邑，誘梁軍離營，以逸待勞，乘機出擊。李存勖採納他的計策，終於大敗梁軍，梁軍精兵全數被殲。

此戰敗後，梁朝的精銳兵力損失慘重，從此一蹶不振。河北的形勢也發生重大變化，王鎔、王處直全面倒向李存勖，李存勖大抵控制了河北地區，為之後南下攻後梁、建立後唐創造了有利條件。

王建建立前蜀

王建（公元八四七年～公元九一八年），字光圖，陳州項城（今河南沈丘）人，也有一說是許州舞陽（今河南舞陽西）人。少時以屠牛盜驢、販賣私鹽為生。後來投靠許州忠武軍，跟隨節度使杜審權鎮壓王仙芝起義。

黃巢起義軍攻入長安後，唐僖宗逃往成都，王建等五都頭率兵入蜀，被號為隨駕五都。公元八九一年，王建攻下成都，自稱西川留後。之後攻破梓州（東川節度使治所），據有東、西兩川。公元九〇三年，唐封王建為蜀王。此後王建北有漢中，東有三峽，割據蜀地，並於公元九〇七年在成都稱帝，國號蜀，史稱前蜀。前蜀統治著今天的四川、甘肅東南部、湖北西部及陝西南部一帶。

當時中原戰亂，文士多奔於蜀，王建善待文人學士，接受納諫，因此百姓安居樂業，經濟和文化都得以發展。但是太子王衍即位後，生活荒淫，疏於朝政，國力日益衰落，最終於公元九二五年被後唐莊宗所滅。

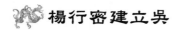 楊行密建立吳

楊行密（公元八五二～公元九〇五年），字化源，盧州合肥（今安徽合肥）人，出身貧苦，後來趕走盧州刺史而自任。公元八九二年，唐朝任命他為淮南節度使。從此，他以揚州為中心，形成了據有今江蘇、安徽、江西、湖北四省交界地區的割據政權。公元九〇二年，唐封其為吳王。

公元九〇五年，楊行密病死後，其子楊渥即位，楊渥昏庸，政權落入大臣徐溫、張顥手中。公元九〇八年，張顥殺死楊渥，立楊渥之弟楊隆演為吳王。之後徐溫又殺死張顥，執掌大權。公元九二〇年楊隆演去世後，徐溫擁立楊溥即位。公元九二七年，楊溥稱帝，建立吳，改年號乾貞。

楊溥在位時，軍政大權皆操縱在徐溫、徐知誥父子之中。公元九三七年，楊溥被迫讓位於徐知誥，南吳滅亡，徐知誥建立南唐。

錢鏐建立吳越

錢鏐，杭州臨安（今浙江臨安北部）人，少年時曾是私鹽販子，後來投靠臨安石境鎮將軍董昌為其部將，後因攻打黃巢有功，先後被唐朝封為杭州刺史、鎮海軍節度使，駐兵杭州。

不久，他翦除了劉漢宏、薛朗、董昌等人的勢力，並佔有兩浙和蘇南十一州之地。唐朝又以錢鏐為鎮海、鎮東兩軍節度使。公元九〇二年，唐朝封其為越王。公元九〇七年，朱溫建梁後，封其為吳越王，建都杭州。

錢鏐即位後貫徹「以民為本，民以食為天」的國策，禮賢下士，廣羅人才，獎勵墾荒，興修水利，發展農桑，同時由於吳越地

狹兵少，一直以效忠於中原王朝為主要戰略，先後效忠於唐、後梁、後唐。

因此吳越社會安定，經濟得以持續發展，並成為五代十國中立國最久的國家，直到公元九七八年為北宋所滅，歷時八十四年，三世五王。

王氏兄弟建立閩

王潮、王審知是固始（今屬河南固始）人。唐末投軍，公元八八五年隨王緒轉戰各地，因王緒殘忍易猜忌，於是王潮等人將其殺而代之。次年王潮攻佔泉州（今福建泉州），被任命為泉州刺史。公元八九三年攻克福州，逐漸佔領今福建省全境，先後受封為福建觀察使、威武軍節度使。公元八九八年王潮去世，其弟王審知繼任。公元九〇七年，後梁朱溫封王審知為閩王。

王審知執政期間生活節儉，整頓吏治，輕徭薄賦，整頓農桑，廣建學習，並鼓勵發展商業及海外貿易。三十年間，閩境安定，利於社會發展。但公元九二五年，王審知死後，子侄為爭取王位鬥爭激烈，內亂不止，終於公元九四五年為南唐所滅。

馬殷建楚

馬殷（公元八五二年～公元九三〇年），字霸圖，許州鄢陵（今河南鄢陵）人。少時為木匠，後來從軍任孫儒裨將。之後楊行密殺孫儒，馬殷隨劉建鋒率部入湖南，佔據潭州，被授為馬步軍都指揮使。後來，劉建鋒為部下所殺，馬殷被推舉為主帥，隨即率兵佔領邵、衡、永、道、郴、朗、澧、嶽等州，一統湖南，任武安軍節度使。

公元九〇七年，朱溫建後梁後封馬殷為楚王，建都長沙。公元九二七年，後唐又封其為楚國王。

楚國盛時疆域曾擴展到廣西、貴州和廣東一帶。馬殷即位初期，勸課農桑，重視貿易，使楚國地方安定，強盛一時。但其晚年縱情享樂，不理朝政，死後諸子爭立，公元九五一年，楚國為南唐所滅。

劉岩建立南漢

劉氏原籍上蔡（今河南境內），後遷居閩中泉州，世代為商。劉岩之父劉謙因參與鎮壓黃巢起義有功而被封為封州（今廣東封開縣）刺史。

劉謙死後，劉隱繼任。公元九〇五年，唐朝任劉隱為清海軍（嶺南東道）節度使。公元九〇七年，朱溫叛唐後，封劉隱為南平王。劉隱死後，劉岩繼立。公元九一七年，劉岩於番禺（今廣東廣州）稱帝，國號「大越」。次年，他又以漢朝劉氏後裔的身份改國號為「大漢」，史稱南漢。

劉岩即位後，致力推行中原文化，依靠士人治國，並透過科舉錄用進士，使轄區內經濟有所發展。但劉岩及後來的君主大多荒淫殘暴，生活奢靡，濫用酷刑。於是南漢最終於公元九七一年為北宋所滅。

孟知祥建立後蜀

孟知祥（公元八七四年～公元九三四年），字保胤，邢州龍崗（今河北邢臺）人。唐朝末年為李克用的部下，在後唐滅前蜀的戰爭中立下大功，因此被後唐封為太原留守，後封為劍南西川節

度使。

孟知祥抵達成都後，整頓吏治，減少苛捐雜稅，逐漸控制了巴蜀地區。公元九三四年，他趁後唐內部因爭奪王位而陷入混亂之機，在成都即皇帝位，建國號大蜀，史稱後蜀，改元明德。

蜀地富庶，在孟知祥、孟昶二人統治時期，境內很少發生戰爭，社會經濟得以有所發展，與南唐同為五代時期經濟文化較發達的區域。公元九六五年，為北宋所滅。

高季興建立荊南

高季興（公元八五八年～公元九二九年），字貽孫，陝州峽石（今河南三門峽東南）人。早年流落汴州，為一富人家奴，後隨其主為朱溫部將。公元九○七年，朱溫即帝位後，派高季興任荊南節度使。

高季興到荊南後，召集亡散軍民，擴充實力，並以唐朝進士梁震等文武官為輔佐，暗中準備割據。公元九一四年，後梁封高季興為渤海王。公元九二三年，李存勖滅後梁，高季興被封為南平王，定都江陵。公元九二五年，後唐滅前蜀之後，高季興得到歸（今湖北秭歸）、峽（今湖北宜昌）二州。

南平是十國中最弱小的國家，但因其對南北諸國一概稱臣，而且地理位置特殊，所以得以長期割據一方，直至公元九六三年才被北宋所滅。

李存勖建立後唐

朱溫建立後梁後，一直和盤踞山西的李克用、李存勖父子征戰，政權受到威脅。再加上朱溫本人生活荒淫，也沒有能力統一轄

078

境內的藩鎮割據，反而大舉封王，使其宗室內部的矛盾不斷激化。

公元九一二年，朱溫次子朱友珪發動政變，殺死朱溫，自立為帝。八個月後，朱溫第三子朱友貞又發動洛陽禁軍兵變，以討逆為名殺死朱友珪，在開封稱帝，是為後梁末帝。

朱友貞即位後，殘暴猜忌，導致內部分裂，國力進一步削弱。公元九二三年，李存勗在魏州（今河北大名北）稱帝，定國號唐，史稱後唐。同年數月後，李存勗攻入開封，滅掉後梁，後梁末帝朱友貞自殺。之後李存勗遷都洛陽，他在位期間縱情聲色，猜忌功臣宿將，橫徵暴斂，禍害百姓，不得人心。公元九二六年，李克用的養子李嗣源奪取汴州，入主洛陽稱帝。

⚡ 石敬瑭建立後晉

李嗣源即位後改革積弊，後唐局勢得以好轉。李嗣源的心腹大將石敬瑭曾在他爭奪帝位時立下赫赫戰功，因此被招為女婿。之後，石敬瑭以駙馬兼功臣，逐年升遷，歷任侍衛親軍馬步軍都指揮使，河東節度使，大同、彰國、振武、威塞等軍藩漢馬步軍總管等職，負責抵禦契丹南下，後又賜封為「耀忠匡定保節功臣」。

隨著職務和勢力的增長，石敬瑭開始擁兵自重，大有取代後唐而自立之勢。李嗣源死後，後唐末帝李從厚即位，他對石敬瑭猜疑頗大，後徙其為天平節度使，但石敬瑭拒不受命。

末帝遂派兵圍攻晉陽，石敬瑭採納了謀士桑惟翰的建議，以自稱兒子、割送燕雲十六州為條件，請契丹耶律德光出兵相助。耶律德光大喜，和石敬瑭聯兵大敗後唐軍隊，於公元九三六年十一月攻入洛陽，後唐滅亡。石敬瑭即位，定都東京（今河南開封），改元天福，國號晉，史稱後晉。

割讓燕雲十六州

　　燕雲十六州是指：幽州（今北京）、順州（今北京順義）、儒州（今北京延慶）、檀州（今北京密雲）、薊州（今天津薊縣）、涿州（今河北涿州）、瀛州（今河北河間）、莫州（今河北任丘北）、新州（今河北涿鹿）、媯州（今河北懷來）、武州（今河北宣化）、蔚州（今河北蔚縣）、應州（今山西應縣）、寰州（今山西朔州東）、朔州（今山西朔州）、雲州（今山西大同）。

　　公元九三六年，石敬瑭在契丹軍的幫助下消滅後唐，建立後晉。他稱帝後很守「信用」，於公元九三八年割讓燕雲十六州給契丹，並承諾每年給契丹布帛三十萬匹。同時，四十五歲的石敬瑭尊稱三十四歲的耶律德光為「父皇帝」。

　　燕雲十六州的割讓，使得遼國的疆域擴展到長城沿線，為其南下創造了有利條件。

　　公元九四二年，石敬瑭死後，其侄石重貴即位。契丹遂以其「稱孫不稱臣」為由，出兵南下，於公元九四六年攻下開封，滅掉後晉。燕雲十六州的割讓，使遼國開始從單純的遊牧民族轉向遊牧與農耕相交雜的民族，而中原則失去了與北方遊牧民族之間的天然防線，完全暴露在契丹的鐵蹄之下。

　　之後遼國以此為基地，不斷南下，使北方的社會經濟遭到了嚴重破壞，貽害長達四百年。

徐知誥建立南唐

　　徐知誥（公元八八八年～公元九四三年），字正倫，小字彭奴，徐州人。本姓李，自稱為唐憲宗第八子建王李恪之後裔，但家

道衰落，在戰亂中為楊行密部下徐溫收為養子，並改名徐知誥。公元九三七年，他廢吳自立，定都金陵，以唐室後裔自居，改名為李昪，建立唐，史稱南唐。

李昪在位期間勤於政事，興利除弊，又與吳越和解，採取保境安民的政策，與民休息，使南唐戶口增加，經濟發展，成為當時經濟文化最先進的地區，也是南方九國中版圖最大的一個。公元九四三年，李昪病死後，李璟、李煜先後繼位。

但二人都不是治國名君，而且生活奢靡，朝政荒廢，於是南唐逐漸衰頹，於公元九七五年被北宋所滅。

李璟、李煜二帝擅長詩文，尤其是後主李煜，他精書法，善繪畫，通音律，尤以詞的成就最高，留下了「問君能有幾多愁，恰似一江春水向東流」的千古名句。南唐滅亡後，李煜被俘到汴京，封違命侯，宋太宗即位後進封為隴西郡公，於公元九七八年被宋太宗殺害。

劉知遠建立後漢

劉知遠（公元八九五年～公元九四八年），沙陀人，太原人。曾是石敬瑭手下將領，後幫助石敬瑭在契丹扶持下建立後晉，被任命為河東節度使等職。

石重貴繼位後，劉知遠進封為北平王，拜中書令。因他位高權重，兵力雄厚，所以為石重貴所猜忌。晉遼交戰期間，他守境不出，招募軍士，壯大力量。

遼軍進入汴京時，他派部下以祝賀勝利為名，去汴京察看形勢，知道遼軍很不得人心。不久，他打出復興後晉、迎石重貴來晉陽的旗幟，受到將士的擁護。公元九四七年，他在太原稱帝，年號

為乾，國號為漢，史稱後漢。

劉知遠稱帝後，為了贏得民心，沿用後晉的年號天福，以爭取後晉文武官吏的支持。他下詔書慰勞各地自發武裝抗遼、保衛鄉土的起義軍，又不奪民財而取出宮中所有財物賞賜將士，獲得了軍民的支持。然後趁遼軍北退，遼統治集團內部忙於爭奪皇位之際，他乘機統率大軍自太原出發，一路勢如破竹，進入洛陽，佔領開封，並定為都城。

郭威建立後周

郭威（公元九〇四年～公元九五四年），邢州堯山（今河北隆堯）人。年少貧寒，從軍後先後跟隨潞州節度使李繼韜、後唐莊宗李存勗、後晉高祖石敬瑭、後漢高祖劉知遠。公元九四七年，他幫助劉知遠建立後漢，被任為樞密副使。

公元九四八年初，劉知遠死後，子劉承佑繼位，是為後漢隱帝，以郭威為樞密使。同年三月，河中、永興、鳳翔諸鎮相繼叛亂，隱帝以郭威為統帥派兵平定。公元九五〇年，郭威以樞密使擔任鄴都留守。不久，隱帝疑忌大臣，殺死在朝大臣楊邠、史弘肇、王章，又令人殺郭威。

郭威見事態緊急，即採用謀士魏仁浦之計，偽造詔書，宣稱隱帝令郭威誅殺諸位將領。於是群情激憤，推舉郭威為首領，起兵討伐。隱帝見郭威起兵造反，遂將郭威在京親眷全部誅殺，並派兵抵禦郭威。然而此時郭威大權在握，聲勢浩大，各鎮節度使紛紛倒戈擁戴郭威，隱帝被殺死於亂軍之中。

郭威帶兵攻入開封，並派人刺殺了欲即位稱帝的劉氏宗室武寧節度使劉贇，迫使太后臨朝聽政，以郭威監國。公元九

五一年初，郭威即位，定都開封，改元廣順，國號周，史稱後周。

劉崇建立北漢

劉崇（公元八九五年～公元九五四年），並州晉陽（今山西太原）人，是後漢高祖劉知遠的弟弟。劉崇家世貧寒，少時無賴，好酒嗜賭，後投軍為兵卒。公元九四七年，其兄劉知遠在太原稱帝，建立後漢，後來在開封建都，於是以劉崇為太原留守，加同平章事。

劉知遠死後，公元九五○年，郭威帶兵反叛，攻佔開封，消滅後漢，建立後周。

劉崇佔據河東十二州，在太原稱帝，仍用漢為國號，史稱北漢。北漢是十國中唯一一個位於北方的國家，曾兩次攻打後周，但都以失敗告終。北漢地瘠民貧，國力微弱，最後歸附契丹，在契丹和大地主的支持下維持統治，直到公元九七九年為北宋所滅。

周世宗改革

郭威稱帝後，虛心納諫，招納賢才，提倡節儉，輕徭薄賦，簡省刑罰，使生活日益安定下來。公元九五四年，郭威死後，其養子柴榮即位。

柴榮即位後，勵精圖治，廣泛收羅人才，繼續推行後周太祖郭威的改革。

政治上懲治貪贓，宣導節儉。經濟上鼓勵逃戶回鄉定居，減免無名苛斂，並編制《均田圖》，派遣使者分赴各地均定田租；動員民眾興修水利，疏浚漕運；廢除曲阜孔氏的免稅特權；停廢敕額

（朝廷給予寺名）外的寺院三萬餘所，禁止私自剃度僧尼，並收購民間佛像銅器鑄錢，緩解了唐末以來長期財務困窘的局面。

軍事上整肅軍紀，賞罰分明，又招募天下壯士。文化方面，周世宗修訂刑律，修訂曆法，考正雅樂，廣搜遺書，雕印古籍。經過一系列的改革後，後周實力不斷強大。

公元九五五年，世宗採用王樸提出的「先易後難」的戰略方針，開始致力於統一全國。他先出兵後蜀，收回四州；次年伐南唐，經過三年苦戰，收回了淮南、江北的十四州六十餘縣；並經過六年征遼戰爭，收回了燕雲十六州中的三州。公元九五九年五月，世宗乘勝進取幽州，突患重病，被迫班師，六月卒，享年三十九歲，幼子柴宗訓即位。世宗柴榮在政治、經濟和軍事上的改革及成就，為北宋統一全國奠定了基礎。

宋遼夏金元：
多民族的融合

公元九六〇年，宋州歸德軍節度使趙匡胤發動陳橋兵變，奪取了後周政權，建立北宋。北宋先後滅掉南方的割據政權，結束了五代十國的紛亂局面。但北宋並未完全統一，此時東北有遼國，西北有西夏，西南有大理，而女真族也日益崛起於北方，完顏阿骨打在會寧稱帝，建立金國。之後金國不斷強大，和北宋夾擊滅掉遼國之後，又不斷南侵，於公元一一二七年擄走北宋徽、欽二帝和宗室、百官等三千多人，史稱「靖康之變」。同年，免遭於難的康王趙構建立南宋，後定都臨安。

偏安一隅的南宋政權幾乎是歷史上最屈辱的一個朝代，面臨金國的不斷南侵，加上秦檜等奸臣當道，只能不斷乞降，和金國簽訂一個又一個的屈辱條約。後成吉思汗南征北戰，統一蒙古，蒙古聯合南宋滅金之後，又滅西夏、平大理，對南宋形成了合圍之勢，節節進逼。公元一二七六年，臨安淪陷，恭帝被俘。一二七九年，崖山之役失敗後，陸秀夫背著末帝趙昺跳海自殺，南宋滅亡，元朝統一全國。

遼朝（公元九一六年～公元一一二五年）

 耶律阿保機建國

　　耶律阿保機，遼國開國皇帝，史稱遼太祖，頗有雄才大略。其家族裡的前輩是契丹迭剌部的酋長和軍事首領，耶律阿保機於公元九〇一年被立為軍事首領，他不斷攻伐奚、室韋、女真等少數部族，並南下掠奪，以武力征服了契丹附近的地區，掠獲了大批俘虜。公元九〇七年，他被選為契丹大首領，此後歷任三屆，連任九年。

　　耶律阿保機在漢人的建議下，決定將這種三年一屆的選舉制度改為世襲制。公元九一六年，耶律阿保機登基稱帝，立國號契丹，建年號為神冊，以臨潢府為皇都。

　　耶律阿保機即位後制定法律，規定官爵位次，創制契丹文字，並以部眾設立宮衛騎軍及州縣部族軍，成為契丹主要的軍隊組成形式。之後契丹不斷攻打其他部族，統一了契丹八部，同時南下參與中原的角逐，奪取了幽州、薊等地，勢力不斷強大，成為中國北方最強大的少數民族政權。

 景宗中興

遼景宗，耶律賢，字賢寧，遼世宗的次子。公元九六九年，遼穆宗逝世後，耶律賢被推舉為帝，尊號天贊皇帝，改元為保寧。

遼景宗在位時進行了一系列的改革，大膽用人，重用漢官，學習漢朝的治國之道，研究古今各朝代的經驗教訓，運用到改革實踐中。

他在實施過程中整頓吏治，寬減刑法，安撫百姓，革除了前朝留下來的諸多弊端，使遼朝走上了復興和發展之路。

他還建立了嫡長子繼承制度，使契丹社會逐漸走上封建化的道路。從此，遼進入了中興時期，為之後聖宗時代達到全盛奠定了基礎。

蕭太后攝政

蕭太后，名蕭綽，小字燕燕，遼景宗的皇后，家族原姓拔里氏，後被耶律阿保機賜姓蕭氏。蕭太后出身顯赫，其父親蕭思溫歷事遼太宗、遼世宗、遼穆宗、遼景宗四朝，身居高位，權傾一時，因擁立景宗即位有功，女兒蕭綽被納為皇后，而其母為燕國公主。

蕭綽自幼聰明美麗，當上皇后之後，因遼景宗體弱多病，她代皇帝行使職權，軍國大事都由她代理。公元九八二年，遼景宗死後，蕭太后的兒子，十二歲的遼聖宗耶律隆緒繼位，由蕭太后攝政。第二年，遼聖宗尊蕭太后為「承天皇太后」，蕭燕燕自此以承天皇太后的身份總攬軍國大政，她重用耶律斜軫、韓德讓參決大政，並把南面軍事委派給耶律休哥，為了鞏固遼聖宗的地位，還解除了諸王的兵權。

蕭太后勵精圖治，治國有方，她善於納諫，賞罰分明，獎勵農桑，輕徭薄賦。她還任用漢人，學習漢族的治國方略，並調節了契丹和漢族人民之間的關係，使此時的遼國達到了經濟、政治和軍事上的鼎盛時期。

蕭太后甚至還親禦戎車，指揮三軍，攻打周邊各國，多次打敗北宋部隊，並逼迫宋真宗建立了「澶淵之盟」，從而開創了宋遼和平發展時期。公元一○○九年，蕭太后將權力交還給遼聖宗，同年十二月病逝。蕭太后是中國歷史上優秀的女政治家。

高梁河之戰

公元九七九年六月，宋太宗趙光義滅掉後漢，想乘勝進攻幽州，一舉收復幽雲失地。遼國州縣長官紛紛投降，宋軍相繼攻克金台頓（今河北易縣東南）、東易州（即岐溝關，今河北涿州西南）、涿州等地，一舉到達幽州城下。

遼國北院大王耶律奚底、統軍使蕭討古等戍守幽州。自後晉割讓燕雲十六州給遼國後，幽州就成為遼國的軍事重鎮，其城池牆高壘固，易守難攻，況且宋軍連續作戰，勞師遠行，圍攻了半個月都沒有攻下幽州城。

七月，宋太宗帶軍與遼軍大戰於高梁河（今北京西直門外一帶），遼國名將耶律休哥率兵來救援，與耶律斜軫分兵合擊，一舉打敗宋軍，宋太宗負傷，狼狽逃離。這就是高梁河之戰，也稱幽州大戰，此後，遼國勢力不斷強大，多次派兵南下。

聖宗改革

遼聖宗，耶律隆緒，契丹名文殊奴，即位前為梁王。公元九八

二年遼景宗去世後，他被立為太子，公元九八三年繼位，改元統和，在位四十九年，是遼國統治時間最長的皇帝。

遼聖宗繼位時，只有十二歲，由蕭太后攝政。蕭太后執政期間，起用室昉、韓德讓及耶律斜軫、耶律休哥等人輔政，任用漢人士大夫，積極整治吏治，改革法度。並在遼景宗的基礎上大力推行改革，鼓勵農桑，興修水利，減輕賦稅，使遼國的百姓日益富裕。

遼聖宗在位期間還改革軍隊，加強訓練，使遼國的軍事實力不斷增強，並四方征戰，南下攻打宋朝，使遼國的疆域達到頂峰。

耶律大石建立西遼

耶律大石，字重德，是遼太祖耶律阿保機的八世孫，善於騎射，通漢文、契丹文。公元一一一五年中進士，之後歷任泰、祥二州刺史，遼興軍節度使。公元一一二二年，金兵大舉南侵，攻克中京（今內蒙古自治區赤峰市寧城），天祚帝耶律延禧不敢留守，往西逃入雲中。

當時留守南京（今遼寧遼陽北）的耶律大石擁立耶律淳即位，稱天錫皇帝，後世稱「北遼」，耶律大石被任命為軍事統帥，向金稱臣，打敗了北宋對南京的進攻。

不久耶律淳病死。公元一一二三年，金兵再次南下，耶律大石在抵抗中被俘，後來逃脫，率兵投奔天祚帝，但已無法得到信任，只好率領親兵兩百人向西北方向逃離。

耶律大石召集遼國在漠北的屯軍和十八部藩屬，控制了蒙古高原和新疆東部一帶。公元一一三二年，耶律大石在葉密立（今新疆額敏）稱帝，史稱西遼，年號延慶，稱菊兒汗（世界之汗）。

之後耶律大石相繼平定了新疆地區和中亞一帶的許多突厥族部

族，定都於八剌沙袞（今吉爾吉斯托克馬克）。至此，西遼控制了
東至和州（今新疆吐魯番）、西達裏海的廣大疆域，成為了中亞的
霸主。

北宋（公元九六〇年～公元一一二七年）

陳橋兵變

趙匡胤，祖籍涿郡，出生於洛陽的官宦之家，後周太祖時任滑州副指揮，世宗時升任檢校太傅、殿前都點檢，掌握了禁軍的指揮大權。

公元九五九年，周世宗柴榮死後，年僅七歲的幼子柴崇訓即位，是為恭帝，趙匡胤又兼領宋州（今河南商丘）歸德軍節度使。趙匡胤手握兵權，權力日益擴大，因此想篡位稱帝。公元九六〇年春，鎮（今河北正定）、定（今河北定縣）二州謊報北漢和遼國的軍隊合併來犯，請求派兵援助，朝廷派趙匡胤率大軍迎戰。

軍隊行至陳橋驛（今河南封丘東南陳橋鎮）時，趙匡胤之弟趙光義及屬下趙普、石守信等人指揮將士，發動兵變。士兵們將黃袍穿在正在熟睡的趙匡胤身上，擁立趙匡胤為皇帝，反叛後周。之後，趙匡胤率兵回師開封，並下令不得驚犯後周的皇帝和太后，不得侵辱後周的公卿，不得侵掠朝市府庫，如有違令者族滅。

趙匡胤一路上只遭遇了小規模的抵抗，兵不血刃地佔領了開封。後周恭帝被迫禪位，翰林學士陶谷拿出一份事先準備好的禪代詔書，宣佈周恭帝退位。趙匡胤遂正式登皇，因其曾為宋州節度

使，故改國號為宋，改元建隆，定都開封，趙匡胤是為宋太祖。石守信、高懷德、張令鐸、王審琦、張光翰、趙彥徽皆被封為節度使。

 ## 宋太祖杯酒釋兵權

公元九六〇年，宋太祖即位後不足半年，後周的舊臣昭義節度使李筠、淮南節度使李重先後起兵叛亂，宋太祖親自出征，終於把他們平定。

公元九六一年，宋太祖趙匡胤為了消除隱患，把石守信、高懷德等將領召集起來喝酒。酒酣耳熱之際，宋太祖突然摒退左右說道：「若不是靠諸位將領出力，我是當不了皇帝的，為此我打從內心感激你們。可做皇帝也太難了，我整個夜晚都睡不安穩啊！」石守信等人忙問其故，宋太祖繼續說：「這不難知道，皇帝的位子誰不想要呢？」石守信等人聽出了話外之音，急忙叩頭說：「現在天下已定，四海歸一，誰還會對您不忠呢？」宋太祖說：「是啊，你們雖無異心，可若你們的部下想要富貴，一旦把黃袍加在你的身上，那時還由得著你們嗎？」將領們知道已經受到猜疑，頓感大禍臨頭，連忙跪下來，懇請宋太祖給他們指一條明路。

宋太祖道：「我替你們著想，你們不如把兵權交出來，到地方去做個閒官，多置些良田美宅，安享天年。君臣之間，再無猜疑，這樣不是很好嗎！」石守信等人見宋太祖已經把話說得很清楚，再無迴旋餘地，只得俯首聽命。

第二天，石守信、高懷德、王審琦、張令鐸、趙彥徽等一齊上表，聲稱自己年老多病，要求解除兵權。宋太祖欣然同意，解除了他們的兵權，將他們派到地方擔任禁軍職務。這就是歷史上著名的

「杯酒釋兵權」。宋太祖收回兵權以後，建立了新的軍事制度，從地方軍隊挑選精兵編成禁軍，由皇帝直接控制，使新生的宋朝漸漸穩定下來。

北宋統一戰爭

宋太祖登基所面臨的首項事業就是統一全國。他在消滅了李筠和李重的叛亂後，就開始準備統一全國。當時的遼國佔據燕雲十六州，勢力最強。宋太祖在與趙普商討後，確定了先易後難、先南後北的方略。宋太祖對遼採取守勢，首先以借途滅國之計，消滅了南平和武平，之後又消滅了後蜀、南漢、南唐三國，宋朝實力倍增。

公元九七六年，宋太祖忽然去世，全國統一事業暫告停止。之後趙匡胤之弟趙光義即位，廟號太宗。太宗決心繼承太祖遺志，繼續國家統一事業。先是割據福建漳、泉兩府的陳洪進及吳越錢氏於公元九七八年歸降，統一了南方，其後又於公元九七九年集中兵力殲滅北漢，結束了五代十國的割據混戰局面。

北宋統一戰爭的勝利，為社會安定和南北經濟文化交流創造了條件，但北宋並未達到隋唐時代的疆域，當時諸國並立，北有遼，西有西夏，南有大理，其統一只是局部的統一。

雍熙北伐

雍熙是宋太宗趙光義的第二個年號，北宋使用這個年號共四年（公元九八四年到公元九八七年）。雍熙北伐戰爭是發生在雍熙年間的重要事件。

公元九八二年，遼景宗耶律賢死後，十二歲的耶律隆緒即位，由太后輔政。宋朝認為有機可趁，遂於雍熙三年（公元九八六年）

兵分三路北伐。東路由曹彬率領，出雄州（今河北雄縣），牽制遼軍主力；中路以田重進為統帥，攻打蔚州（今河北蔚縣）；西路由潘美、楊業率領，出雁門關（今山西代縣境內），攻打雲州。最初，中、西兩路進軍順利，收復了不少失地。但隨後蕭太后和遼聖宗率軍反擊，曹彬率領的東路軍在岐溝關（今河北涿州市西南）被遼軍主力打敗。宋太宗急令宋軍撤退，並命潘美、楊業統率的西路軍護送百姓內遷。

北宋名將楊業與遼軍決戰於陳家谷口，因潘美帶領的援軍背信逃走，楊業最終因寡不敵眾被俘，絕食三日而死。雍熙北伐以宋軍的失敗而告終。自此之後，遼國在軍事上掌握了極大的優勢，宋太宗只好放棄了收復燕雲十六州的想法，改為加強防禦，重內虛外。

王小波、李順起義

自安史之亂以後，四川地區少有戰禍，因此成為各地地主官僚的避難所。北宋初年，四川地區的土地大多被地主階級霸佔，很多農民淪為旁戶（佃客），階級衝突尤為嚴重。

宋太宗即位後，蜀地天災頻繁，餓殍遍野，民不聊生。公元九九三年，四川青城縣（今都江堰市）的王小波領導百餘農民發動了武裝起義。王小波提出「均貧富」的口號，得到了廣大貧苦農民的回應，起義軍很快發展到數萬人。

起義軍攻佔彭山縣，開倉濟貧。當年十二月，起義軍在江原縣與官軍激戰時，王小波戰死，起義軍推舉其妻弟李順為統帥。李順率兵攻克了邛州（今四川邛崍）、蜀州（今四川崇州）。公元九九四年初，起義軍攻克成都，李順在成都稱王，國號大蜀，年號應運。起義軍的浩大聲勢引起了北宋王朝的驚慌，宋太宗急忙派遣王繼恩

統率中央禁軍前去鎮壓。

王繼恩率領大軍攻破劍州、綿州、閬州、巴州等地，猛攻成都，十多萬起義軍堅守城池。而後，成都失陷，起義軍十多萬人戰死，李順於城破時失蹤。成都失陷後，其他各地的起義軍仍在奮戰，但不久後亦告失敗。

王小波、李順在農民戰爭史上第一次提出了「均貧富」的口號，對以後的農民起義具有極其重要的指導意義。

楊延昭鎮河朔

楊延昭，本名延朗，因遼軍懼怕他，把他看做是天上的六郎將星下凡，故又稱楊六郎。楊延昭是北宋抗遼名將楊業的長子，尚在孩提時代，他就「戲為軍陣」，楊業對此十分欣慰，每次出征總要帶上他。

雍熙北伐時楊延昭擔任先鋒，帶領所部猛攻遼軍，殺傷遼兵無數，為西路軍連克寰、朔、應、雲四州立下了汗馬功勞。雍熙北伐失敗，父親捐軀疆場，楊延昭悲痛之餘，繼父親遺志，在景州（今河北景縣）、保州（今河北安新縣）等地抵禦遼軍侵擾。公元九九九年，遼軍又一次大舉南下，向宋朝發動大規模軍事進攻，宋真宗急調楊延昭為保州（今河北保定）緣邊都巡檢使。

九月，遼軍在蕭太后的親自督戰下，猛攻遂城（今河北徐水縣東）。當時遂城只有三千守軍，遂城危在旦夕，眾心危懼。楊延昭帶領士兵們守城數十日，到十月份，楊延昭利用當時天寒的自然條件，命軍民取水澆到城牆外皮上。一夜之間城牆結冰，變得光滑無比，遼軍無法攻克，只好轉而攻打其他地方。

此戰使楊延昭威震邊陲，之後楊延昭戍守北方達二十年之久，

直到公元一〇一四年去世。楊延昭鎮守河北邊防期間，遼兵騷擾較少，這一帶人民過著比較安定的生活。

澶淵之盟

宋真宗初年，遼國再次大舉南侵。公元一〇〇四年，遼蕭太后與遼聖宗耶律隆緒以收復瓦橋關（今河北雄縣舊南關）為名，親率大軍向宋朝發動大規模軍事進攻，沿途遭到宋國軍民的抵抗，於是遼軍繞過保州、定州，於十一月直撲黃河沿邊的澶州（今河南濮陽），威脅到了相隔不遠的宋都汴京，宋廷朝野震動。一些大臣主張遷都南方以避禍，但在宰相寇準的堅持下，宋真宗御駕親征，親自來到澶州北城督戰，當時宋軍皆呼萬歲，士氣倍增。

與此同時，幾十萬宋軍陸續結集到澶州附近，遼軍陷入了孤立無緩的境地。而且遼國統軍蕭撻凜被宋軍射死，遼軍士氣大挫，此時的遼軍只能向宋軍提出議和，並要脅宋朝割地為退兵條件。

宋真宗只希望遼軍快速撤走，於是和遼國簽訂了協議，約定宋遼仍以白溝為界，雙方結為兄弟之國；宋每年向遼提供「助軍旅之費」銀十萬兩，絹二十萬匹。因澶州又名澶淵，遂史稱「澶淵之盟」。澶淵之盟後，宋遼雙方進入對峙時期，此後很一段時間內都沒有發生過大規模的戰爭。

紙幣的出現

交子是世界上最早使用的紙幣，於北宋初年最早在四川地區出現。當時四川地區使用鐵錢，大鐵錢每貫百個，重六公斤以上，小鐵錢每貫千個，重三公斤以上，非常笨重，使用起來非常不方便。於是四川成都出現了為商人經營現金保管業務的「交子」鋪。

最初的交子實際上是一種存款憑證。存款人把現金交付給鋪戶，鋪戶把存款數額填寫在用楮紙製作的紙上，再交還存款人，並收取一定的保管費，即交子，交子可以在「交子」鋪兌換現金。後來交子在商人之間普遍使用，於是各個交子鋪戶就聯合起來，印刷有統一面額和格式的交子，並在上面做了防止盜印的暗號。這種交子可以直接在市場上使用，成為了真正意義上的紙幣。

北宋景德年間（公元一〇〇四年～公元一〇〇七年），益州知州張泳對交子鋪戶進行整頓，剔除不法之徒，專由十六家鋪戶經營，交子的發行正式取得了政府認可。宋仁宗天聖元年（公元一〇二三年），政府設益州交子務，由政府專門負責發行交子。

慶曆和議

慶曆和議是指宋夏之間在慶歷年間所簽訂的和約。公元一〇四〇年至一〇四二年間，西夏接連對宋發動戰爭，先後在延州之戰、好水川之戰、定川塞之戰中大敗宋軍，劫掠宋地。

宋軍屢戰不勝，於是宋仁宗採取了范仲淹的建議，對西夏實行清野固守的政策，同時加緊訓練士兵，加強邊界地區的防備。而西夏雖然屢次得勝，俘獲了大量財物，但失去了宋朝每年給予的歲幣和榷場貿易的收入，實是得不償失，於是派遣使者同宋議和。

慶曆四年（一〇四四年），宋朝與西夏達成最後協議，和約規定：西夏國王李元昊取消帝號，名義上向宋稱臣；宋朝每年賜給西夏銀七萬兩，絹十五萬匹，茶三萬斤；雙方在戰爭中所俘獲的將校、士兵、民戶可以不再歸還對方；如雙方邊境之民逃往對方領土，都不能派兵追擊，雙方應互相歸還逃人，等等。

慶曆和議達成後，李元昊曾多次派遣使者到宋朝，請求宋朝恢

復邊境地區的榷場貿易。一○四五年，宋朝政府在鎮戎軍（今寧夏固原）和保安軍（今陝西志丹）設置榷場，雙方恢復了貿易往來。

開設榷場

榷場是古代各地區實現經濟交流的地方。北宋時期經濟得到了很大的發展，手工業和商業更加繁榮，首都開封成為全國的政治經濟文化中心，店鋪林立，作坊眾多，車水馬龍，一派繁榮景象。市鎮、坊場非常繁榮，商業活動頻繁，吸引著大批商人和手工業者。

紙幣最早出現就是在此時。北宋的對外貿易和交流也非常發達，不僅透過沿海與其他國家貿易，而且還在與遼國、西夏等國的交界處設立榷場，進行互市貿易，促進了各個地區的經濟文化交流。

榷場的主要貿易產品有茶葉、布帛、瓷器、皮貨、藥材等。榷場貿易受到官方的嚴格控制，官府有貿易優先權。對於各政權統治者來說，榷場還有控制邊境貿易、提供經濟利益、安定邊界的作用。所以榷場的設置常因各政權間政治關係的變化而興廢無常。

宋太宗趙光義在位時期，宋遼之間就已在宋境的鎮州（今河北正定）等地設立榷場。澶淵之盟後，宋和遼之間，主要有在宋地的雄州（今河北雄縣）、霸州（今河北霸縣）、安肅軍（今河北徐水）、廣信軍（今河北徐水西）等河北四榷場。宋夏之間，先於公元一○○七年在保安軍（今陝西志丹）置榷場互市，後來又在鎮戎軍（今寧夏固原）等地置榷場。

慶曆新政

慶曆新政是北宋慶曆年間的一次改革，因領導者為范仲淹，故

又稱范仲淹改革。宋仁宗年間，官員數量驟增，階級衝突日益嚴重，農民叛亂不斷。與此同時，由於北宋與遼、夏間的連年戰事，軍費開支使國庫日益空虛。

為整頓官僚機構，增強北宋國力，宋仁宗任命范仲淹為參知政事，任命富弼、韓琦等為樞密副使，開始進行改革。慶曆三年（公元一○四三年）九月，范仲淹等人提出改革方案，方案包括「明黜陟」、「抑僥倖」、「精貢舉」、「擇官長」、「均公田」、「厚農桑」、「修武備」、「減徭役」、「推恩信」、「重命令」等十事，稱為《十事疏》。

主張建立嚴密的仕官制度，裁汰冗員，限制特權，注重農桑，整頓武備，推行法制，減輕徭役。慶曆改革在當年和次年上半年陸續頒行全國，號稱「慶曆新政」。但因「新政」觸犯了封建貴族勢力的利益，限制了大官僚的特權。於是他們誣衊范仲淹、富弼、歐陽修等人結交朋黨，一時之間，流言四起，人心惶惶，改革派受到強烈排擠。慶曆五年（公元一○四五年）初，范仲淹、韓琦、富弼、歐陽修等人相繼被趕出朝廷，各項改革也被廢止。於是僅施行了一年零四個月的慶曆新政，以失敗而告終。

畢昇發明活字印刷

畢昇（約公元九七○年～一○五一年），曾做過印刷鋪工人，專門從事手工印刷工作，是著名的平民發明家，中國四大發明之一的活字印刷術就是他發明的。早在隋唐時期，人們就發明了雕版印刷術，印製了大量的文字作品，但傳統的印刷版無法重複使用，造成了大量的浪費。

大約在公元一○四一年前後，畢昇總結了歷代雕版印刷的實

踐經驗，經過反覆試驗，製成了膠泥活字，實行排版印刷，完成了印刷史上一項重大的革命。他的方法是：用膠泥做成一個個規格一致的毛坯，分別刻上反體單字，然後用火燒硬，成為單個的膠泥活字。

在印刷時再將需要用到的活字按印刷要求排入兩塊帶框的鐵板上，做成可以重複使用的印刷版，兩塊鐵板交替使用。不用的活字可以存放起來，等待下次印刷的時候使用，活字印刷術的發明使印刷變得方便快捷，大大提高了印刷的效率。畢昇發明的活字印刷術，被認為是世界上最早的活字印刷技術。在畢昇之後又出現了各種活字，包括陶土活字、陶瓷活字、銅活字、木活字等。

🐉 王安石變法

因為發生在宋神宗熙寧年間，所以王安石變法亦稱熙寧變法。

王安石，字介甫，號半山，臨川人（今江西省東鄉縣），唐宋八大家之一。因為曾封荊國公，故又稱荊公。北宋中葉以後，政府官員的數目持續膨脹，土地兼併問題嚴重，軍隊人數激增，加上連年對遼、西夏等國的戰事，使得軍費增加，國庫空虛，人民生活日益艱難。

為改變北宋建國以來的積弊，增強國力，公元一〇六九年，王安石在宋神宗的支持下開始制定和頒行新法。新法的範圍十分廣泛，包括經濟方面的均輸法、青苗法、農田水利法、募役法、方田均稅法、市易法；軍事方面的保甲法、裁兵法、置將法、保馬法、軍器監法；教育方面的太學三舍法、貢舉法。同年，王安石任參知政事，開始陸續推行新法。

新法推行後，社會矛盾得到緩和，政府收入有所增加。但新法

推行過急，利弊互見，因此遭到了許多守舊官員的反對，難以取得明顯成效。公元一〇八五年，宋神宗死後，其十歲的兒子趙煦即位，是為宋哲宗，高太后垂簾聽政，任用守舊派人物司馬光為相。新法逐漸被廢除，不久王安石在江寧（今江蘇南京市）病死。變法雖然失敗，但是一些具體措施還是保留了下來，對宋朝經濟產生了深遠的影響。

烏台詩案

烏台即御史台，因官署內遍植柏樹，又稱「柏台」。柏樹上常有烏鴉棲息，乃稱烏台。蘇軾因反對王安石新法，所以在寫文作詞的時候多有牢騷抱怨。

宋神宗元豐二年（公元一〇七九年），蘇軾移至湖州，到任後上表謝恩。朝臣以其上表中用語暗藏譏刺為由，上表彈劾蘇軾，指責蘇軾愚弄朝廷，狂妄自大。宋神宗遂下令拘捕，太常博士皇甫遵奉令前往拘捕。蘇軾受捕，寫信給蘇轍，交代後事，長子蘇邁則隨途照顧。押解至太湖，蘇軾曾意圖自盡，幾經掙扎，終未成舉。捕至御史台下獄，御史台徹查蘇軾平日書信詩文往來，又牽連出七十餘人。

蘇軾自料難逃此劫，暗藏金丹，意圖自殺。後因太皇太后、王安石等人出面說情，蘇軾終免一死，貶謫為黃州團練副使。在黃州期間，是蘇軾文學創作生涯的重要階段，寫作了大量的詩詞。

蔡京擅權

蔡京，字元長，興化仙遊（今屬福建）人。北宋宰相、書法家，蔡京藝術天賦極高，其書法有很高的藝術造詣，因此有人認為

蘇、黃、米、蔡四大家中的「蔡」一開始是指蔡京，只因惡名在外才被換掉。

公元一○七○年，蔡京進京應試，得中進士。之後短短數年便由地方官員成為朝中大臣。蔡京曾是王安石變法的擁護者和得力部將，受到宋神宗和王安石的重用。公元一○八六年，司馬光盡廢王安石新法，蔡京又帶頭恢復舊制。他見風使舵，逢迎拍馬，逐漸身居高位，先後四次任相，共達十七年之久。期間蔡京一手遮天，任用親隨，打擊忠賢，在朝廷上下形成了以他為首的腐敗官僚集團。

蔡京和童貫、梁師成、王黼、朱勔、李彥等六人把持朝政，賣官鬻爵，掠奪土地，為非作歹，被稱為六賊。朝廷為了修建園林，讓童貫、朱勔等人去江南搜羅奇花異石，然後用船運到開封，十船為一綱，所以稱為「花石綱」。花石綱工役繁重，江南人民苦不堪言。蔡京等人還濫發紙幣，引起物價飛漲，市場混亂不堪，民怨沸騰。階級矛盾不斷激化，終於引發了方臘、宋江等農民起義，加速了北宋的滅亡。宋欽宗即位後，蔡京被貶嶺南（今廣東），途中死於潭州（今湖南長沙）。

宋江起義

宋江，山東鄆城人。北宋末期，朝政腐敗，農民苦於賦稅剝削。當時的梁山泊方圓數百里，盛產蒲、魚，當地百姓以此為生。但朝廷逼迫農民交納租稅，否則便以盜竊論處。於是，公元一一一九年，宋江等三十六人佔據梁山泊，招募義軍，聚眾起義，並率眾攻打河朔、京東，轉戰於青、齊（今山東省濟南）至濮州（今山東省鄆城北）間。他們武藝高強，作戰勇猛，屢次打敗官軍。

宋徽宗在招安未果的情況下，派大兵討伐。宋江避其鋒芒，自

青州率眾南下沂州（今山東省臨沂），與官軍周旋。公元一一二一年，義軍攻取淮陽軍（今江蘇省睢寧西北），繼由沭陽（今屬江蘇）乘船進抵海州（今江蘇省連雲港西南海州鎮）。時任知州的張叔夜遣使探察義軍所向，並招募敢死隊千餘人設伏。而後，宋江率眾登岸後被伏兵包圍，損失慘重，退路又被切斷，宋江不得不率眾投降，接受朝廷招安。

宋江起義因《水滸傳》中一百零八個英雄式的人物和生動的故事情節而廣泛流傳，但在歷史上，其規模並沒有那麼大，最初的起義領袖只有三十六人，而且很快就被鎮壓下去。

方臘起義

在宋江起義的同時，南方爆發了轟轟烈烈的方臘起義。方臘，睦州青溪人，性情豪爽，深得人心。當時朝廷在各地設立「造作局」和「應奉局」，收集花石綱，大肆搜刮民脂民膏，農民賦役繁重，生活日益艱難，階級衝突加劇。公元一一二〇年十月，方臘組織了很多貧苦的農民，在浙江睦州青溪縣發動起義。各地農民聞風而動，起義軍很快達到十萬人。

方臘自稱「聖公」，改元「永樂」，設置官吏。十一月方臘軍在青溪縣息坑（今浙江淳安西）全殲兩浙路常駐宋軍五千人。不久後又攻克睦州、歙州等六州五十二縣，隊伍很快達到百萬人。十一月末，起義軍攻入作為花石綱指揮中心的杭州，殺死兩浙路制置使陳建、廉訪使趙約，掘蔡京父祖墳墓。

朝野震動，公元一〇二一年初，宋徽宗派童貫與譚稹分兵兩路前去鎮壓義軍，同時下罪己詔，停運花石綱。宋軍在杭州與方臘軍發生激戰，方臘軍大敗，從此一蹶不振，退回青溪。經過激烈的戰

鬥後，方臘被俘，不久被殺。

方臘起義雖以失敗而告終，但其規模巨大，撼動了當時的腐朽統治，加速了北宋的滅亡。

海上之盟

海上之盟即北宋、金國約定聯合攻打遼國的盟約。因為談判期間，雙方使節都乘船由海上往來，故名海上之盟。公元一一一五年，完顏阿骨打稱帝，建立金國，隨後開始了反抗遼國的鬥爭，很快就攻佔了遼國的軍事重鎮黃龍府（今吉林農安），遼軍節節敗退，其疆域漸漸被金國佔領。此時，宋朝看到遼國滅亡在即，於是想與金聯合攻打遼國，以收復幽雲失地，緩和內部衝突。

於是自公元一一一七年開始，宋朝連續派遣使者越過遼國邊境，經海上到達金國，相約共同攻遼。公元一一二〇年，宋徽宗派遣使者趙良嗣（馬植）到達金國，金宋兩國訂立了盟約，雙方約定：宋金夾擊遼國，金軍攻取長城以北的中京（今內蒙古寧城西），宋軍攻取燕京和西京；滅遼後，金將燕雲十六州歸還給宋，宋將原來給遼的歲幣如數給金國。

這就是「海上之盟」，其內容反映了當時北宋政府的虛弱與無能。

宋金聯合滅遼

公元一一二一年，遼國貴族耶律余睹因受誣陷導致家人被殺，遂率兵投靠金國。金太祖趁機以耶律余睹為先鋒攻打遼國。金軍一路順利地攻下中京、西京等地，遼天祚帝率部下逃跑，長城以北的土地都被金軍佔據。此時，童貫率領的宋軍在攻打燕京時卻都被遼

國將領耶律大石、蕭干打敗。於是金軍趁機由居庸關南下，攻佔了燕京和涿、檀、易、順、景、薊六州。

金國背棄海上之盟的約定，無意把燕雲十六州還給宋。之後雙方幾經周折，宋答應給金絹三十萬匹、白銀二十萬兩，並納「燕京代稅錢」一百萬貫，金才答應交還燕雲十六州中的六州及燕京。但金國在退走之前，將燕京城內的百姓、財物劫掠一空。宋接收燕京後改名為燕山府。

🐉 李綱抗金

李綱，字伯紀，號梁溪先生，能詩文。宋欽宗時，授兵部侍郎、尚書右丞。公元一一二六年金兵侵汴京時，任京城四壁守禦使。在宋廷一派慌亂的情況下，李綱向宋徽宗提出了傳位給太子趙桓，以號召軍民抗金的建議。

趙桓（宋欽宗）即位後，升李綱為尚書右丞，就任親征行營使，負責開封的防禦。李綱率領開封軍民及時完成防禦部署，親自登城督戰，擊退金兵。金帥完顏宗望見開封難以強攻，轉而施行誘降之計，宋廷瀰漫了屈辱投降的氣氛。李綱堅決反對向金割地求和，聯合軍民繼續頑強抵抗。完顏宗望因無力攻破開封，在宋廷答應割讓河北三鎮之後，於公元一一二六年二月撤兵。

但不久李綱即被投降派所排斥。到宋高宗即位時，曾力圖革新內政，李綱曾一度被起用為相，但七十五天即遭罷免。公元一一三二年，李綱又被起用為湖南宣撫使兼知潭州，不久，又被罷免。李綱多次上疏，陳抗金大計。均未被採納，後抑鬱而死。

靖康之變

　　宋徽宗趙佶熱愛藝術，他在書法、繪畫、作詩等方面有很高的造詣，其所創的瘦金體書法獨步天下。但宋徽宗也是歷史上有名的昏君，他在位時重用蔡京、童貫等奸臣，搜刮民財，窮奢極欲，其荒淫統治逐漸將北宋王朝推向覆滅的邊緣。在宋金聯合滅遼的過程中，金國看到了宋朝的軟弱無能，於是遼朝滅亡後，金朝統治者不僅拒絕歸還燕雲十六州，還打算乘勝侵犯北宋。

　　公元一一二五年，金軍派遣粘罕和斡離不兵分兩路，大舉南下攻宋。此時宋朝正在慶祝「收復」了燕京等地，在軍事上毫無防範。宋徽宗聽到金兵南下的消息後，慌亂不已，他一面下罪己詔，召集各地勤王，一面急忙傳位給太子趙桓。趙桓即位，是為宋欽宗，改元靖康，宋徽宗率領侍從、官員南下鎮江避難。

　　靖康元年（公元一一二六年）初，金軍圍困開封，最終被主戰派李綱率兵打退。半年後，金國再次派粘罕和斡離不分兵攻宋，金軍所向披靡，於十一月再次包圍了都城開封。此時李綱受到排擠，被貶斥，朝廷內投降派占了上風。十二月，宋欽宗正式投降。

　　靖康二年（公元一一二七年），金國下詔廢宋徽宗、宋欽宗為庶人，另立同金朝勾結的原宋朝宰相張邦昌為傀儡皇帝，國號楚。金軍將開封搜刮一空，俘虜徽、欽二帝和后妃、宗室、貴戚、百官等三千多人北撤。北宋從此滅亡，因為此事件發生在靖康二年（公元一一二七年），史稱「靖康之變」。

司馬光著《資治通鑒》

　　司馬光（公元一〇一九年～一〇八六年），字君實，號迂叟，

陝州夏縣（今山西夏縣）人。司馬光為人溫良謙恭，剛正不阿，歷來受人景仰。公元一〇三八年中進士甲科，一開始在華州（今河南鄭縣）擔任地方官，宋神宗在位時官拜翰林學士、御史中丞。因與王安石政見不和，於是謀求外任。在洛陽時開始專心編寫《資治通鑒》，歷經十九年而完成。

司馬光為此書付出了畢生的精力，成書不到兩年，他便積勞而逝，享年六十八歲，宋哲宗將他葬於高陵。

《資治通鑒》是中國歷史上第一部編年體通史，共兩百九十四卷，約三百多萬字。書名為宋神宗所定，取意「有鑒於往事，以資於治道」，賜書名《資治通鑒》，並親為寫序。《資治通鑒》記載了由周威烈王二十三年（公元前四〇三年）到五代的後周世宗顯德六年（公元九五九年）間，共一千三百六十二年的歷史，跨十六個朝代。《資治通鑒》在中國史書中有極其重要的地位，與司馬遷的《史記》並列為中國史學的不朽巨著，即所謂「史學兩司馬」。

新古文運動

柳宗元、韓愈去世之後，中、晚唐的古文創作逐漸衰落，駢文死灰復燃。宋朝初期，社會較為安定，一些士大夫便粉飾太平，吟風頌月，因此晚唐五代以來浮靡華麗的文風再度氾濫，一度風靡了整個文壇。但當時的社會不安定，政治鬥爭激烈，在這樣的情況下，一些開明的士大夫要求改革政治，反對奢靡華麗的文風，提倡寫作反映現實的散文。於是，他們繼韓愈、柳宗元之後，開啟了新一輪的古文運動，即新古文運動。

新古文運動一開始便是因應政治鬥爭的需要而發起的，其代表人物是歐陽修。歐陽修在文學觀點上師承韓愈，主張明道致用。他

強調道對文的決定作用，要以「道」為內容，為本質，以「文」為形式，為工具。並取韓愈「文從字順」的精神，大力提倡簡而有法和流暢自然的文風，反對浮靡雕琢和怪僻晦澀。

當時的歐陽修以翰林學士的政治地位，大力提倡古文，並帶動了其學生蘇軾、蘇轍、王安石、曾鞏等一大批創作隊伍，使古文運動達到了波瀾壯闊的地步，開創了平易近人、更有利於表達思想的文風。唐宋古文運動是中國散文發展史上一座重要的里程碑，而宋代古文運動的代表人物歐陽修、蘇洵、蘇軾、蘇轍、王安石、曾鞏和唐代的韓愈、柳宗元被列為唐宋八大家。

宋詞的繁盛

宋詞與唐詩並稱雙絕，都代表了一代文學之盛。詞是詩歌的一種，是曲子詞或詞曲的簡稱，是用來合樂的歌詞。詞由近體詩演化而來，因此又稱長短句或詩餘。詞有許多調子，每調有一個名稱，叫做詞牌，常見的詞牌有青玉案、念奴嬌、水調歌頭、菩薩蠻、一剪梅、蝶戀花等。詞始於中唐，興於五代，盛於兩宋。

宋代湧現出來無數傑出的詞人，唐圭璋的《全宋詞》記載了詞人一千三百三十多人，作品一萬九千九百多首，主要代表人物有蘇軾、柳永、歐陽修等。

詞按照作品的風格分為豪放派和婉約派兩大類。豪放派的主要代表人物是蘇軾、岳飛、辛棄疾等人，蘇軾的詞豪邁奔放，氣勢磅礴，肆意縱橫，是豪放派的創始人；而婉約派的詞婉轉含蓄，圓潤清麗，音律婉轉和諧，內容側重兒女風情，南唐後主李煜的詞就被歸為婉約一派，此外婉約派的代表人物還有李清照、柳永、秦觀、晏殊、周邦彥等。

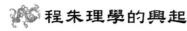 程朱理學的興起

理學也稱為道學，是儒、道、佛相互滲透的唯心主義思想體系。程朱理學是兩宋時期主流的哲學思想，是理學各派中對後世影響最大的學說之一。程朱理學由北宋二程（程顥、程頤）兄弟創立，其間經過弟子楊時、羅從彥、李侗等人的傳承，到南宋朱熹時完成。

程顥和程頤二人把「理」視為哲學的最高範疇，他們提出，「天理」是宇宙的本源，凌駕於萬物之上，是自然界和人類社會遵從的最高準則。君臣、父子、夫妻之間的倫理規範都體現了天理，因此把三綱五常絕對化和神聖化。他們提出「存天理，去人欲」的理欲觀，宣揚「餓死事小，失節事大」。二程學說的出現，代表著宋代理學思想體系的形成。而朱熹師承二程，成為理學的集大成者。

他認為天地之間有理有氣，先有理而後有氣。理是第一位的，是萬物的本源，氣是派生的，是創造萬物的材料。在倫理觀上，他認為「天理存則人欲亡，人欲勝則天理滅」，把天理和人欲對立起來，把人欲看做一切罪惡的根源，所以得出的結論同樣是「去人欲，存天理」。由於朱熹是理學的最大代表，故程朱理學又稱為朱子學。

宋話本的興起

在宋代城市的大眾娛樂場所中，有一種以講故事、說笑話為主的活動，即「說話」。而話本，就是說書人說話的底本，它主要包括講史和小說兩大類。

　　唐代已經開始出現話本，到了宋代，隨著說書活動的逐漸興起，在書場中散播的故事越來越多。而用以記錄口傳故事的文字記錄本，以及受說書方式影響而出現的其他故事文本等，也越來越多。所有這些，後世統稱為「話本」。

　　現存宋元話本常出現「話本說徹，且作散場」之類的套語，可見在當時，「話本」一詞已含有故事文本之義。而套語的出現，也說明話本已經具有了一定的格式。話本小說則是民間說書藝人的創作，具有口頭文學的清新活潑的特色，並加入一些傳說、異聞等，同時也不免虛構，以增強吸引力。

　　宋代話本的代表作品有《三國志平話》、《碾玉觀音》、《錯斬崔寧》等。宋代話本小說是中國小說史上第一次將白話作為小說的語言進行創作，是中國小說進一步走向平民化的標誌，對以後中國小說的發展具有不容忽視的影響力。

南宋（公元1127年～公元1279年）

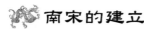 南宋的建立

靖康之難後，徽宗、欽宗二帝被俘，包括妃嬪、皇室、百官等三千人都被金軍俘虜北上。而徽宗第九子、欽宗之弟康王趙構曾被欽宗派往金國短期為人質，公元一一二六年冬，金國再次南侵，趙構又奉命前往金國求和，途經河北磁州時被抗金名將宗澤攔了下來。後來趙構在相州（今河南安陽）建立了大元帥府，擔任河北兵馬大元帥。

金兵再次包圍開封時，欽宗令趙構率兵救援京師，但他卻逃往大名府（今屬河北），後來又轉移到東平府（今屬山東），以避敵鋒。趙構因此而成為靖康之變時免遭金軍俘虜的唯一皇室成員。他在大臣的推舉下，於公元一一二七年在南京應天府（今河南商丘）即位，改元建炎，是為宋高宗，軍事軟弱，政治無能的南宋王朝就此建立。

南宋建立以後，金兵南下攻打，宋高宗趙構繼續執行投降政策，先後罷黜了抗金將領李綱和宗澤，政權完全由投降派把持。公元一一二九年，金軍再次南下，宋高宗一路逃跑，最後從明州（今浙江寧波）乘船，在海上漂泊了三四個月，後來返回臨安（今杭

州），公元一一三八年始定都於此。

 宗澤保衛東京

宗澤，字汝霖，浙江義烏人，靖康元年（公元一一二六年）任磁州知州，他到磁州後，積極修復城牆，招募義兵，整治兵器，廣集糧餉，防止敵人進攻。康王趙構赴金議和，經過磁州時，宗澤叩馬勸止。公元一一二六年冬，宋欽宗任康王為兵馬大元帥，宗澤為副帥。公元一一二七年，宗澤任開封留守，他注意到金兵兵力不足，於是聯合黃河南北的民間抗金武裝，決意收復失地。他很快就積存了足夠半年用的糧草，他收編的王善、楊進、王再興、李貴等部都有很強的實力。

公元一一二七年末，金兵再次大舉南下，宗澤帶兵與金軍進行了激烈的戰鬥。儘管四面受敵，但宗澤從容地調動軍隊，部署戰鬥，使金軍無力攻下開封。公元一一二八年夏，天氣開始炎熱，金軍無功而退。宗澤認為宋軍實力充沛，準備北伐反擊，遂和部下共同制訂了北伐的計畫，打算渡過黃河，收復失地，卻遲遲得不到朝廷的批准。宗澤勢力日益壯大，在開封甚得人心，宋高宗心生猜忌，於是打算撤換宗澤。宗澤心力交瘁，憂憤成疾，疽發於背。

宗澤念及未竟事業，長吟「出師未捷身先死，長使英雄淚滿襟」，大呼「過河！過河！過河！」而死。宗澤死後由子宗穎和岳飛扶柩至鎮江，與夫人陳氏合葬於京觀山麓，墓碑刻有：「大宋瀕危撐一柱，英雄垂死尚三呼。」

韓世忠大敗金兀戎术

韓世忠（公元一〇八九年～一一五一年），字良臣，號清涼居

士，陝西延安人，宋朝抗金名將。公元一一〇五年，韓世忠應募投軍，正值西夏入侵，因作戰勇猛，被提升為軍官。公元一一二六年，金兵大舉入侵，宋欽宗繼位，任命韓世忠為單州團練使，阻擊南下的金軍。正逢真定（今河北正定）被金兵攻克，韓世忠前去救援被困的守將王淵，也被圍。但他趁夜派敢死隊衝襲敵營，斬金兵主帥，突圍而出。不久又率千人阻擊數萬金兵，掩護趙構南下。

公元一一二七年，趙構即帝位，是為宋高宗，建立南宋，升韓世忠為光州觀察使、御營左軍統制。不久，金國大將兀朮率大軍南下攻宋。當時韓世忠任浙西制置使，守鎮江，在金軍滿載俘獲物資北上的時候，於黃天蕩設伏截擊金兵。此戰韓世忠僅以八千人的兵力將十萬金兵圍困達四十八天之久，其妻梁紅玉親自上陣擂鼓，傳為千古佳話。

之後金軍求和不能，只好掘河北上，才得以逃脫，史稱「黃天蕩大捷」。公元一一三三年，韓世忠受封太尉，之後曾多次率軍擊敗南下的金兵。岳飛下獄後，韓世忠在為其據理力爭未果的情況下，自請解職，閉門謝客，絕口不言兵。公元一一五一年卒，宋孝宗追封其為蘄王，因此後世也稱其為「韓蘄王」。

🐉 岳飛抗金

岳飛（公元一一〇三年～一一四二年），字鵬舉，出生於北宋相州湯陰（今河南湯陰），出身貧寒，童年時期就拜周侗為師學習武藝。他親眼目睹北宋的亡國之恨，傳說其母親曾在他背上刻字「精忠報國」，希望他能銘記國仇家恨。北宋滅亡後，北方人民紛紛組織起來，抗擊金軍，岳飛參與了王彥率領的抗金隊伍「八字軍」。後來在開封受到抗金名將宗澤的賞識，很快升為一支軍隊的

將領。

岳飛的軍隊軍紀嚴明，「凍死不拆屋，餓死不擄掠」，老百姓親切地稱他們為「岳家軍」。岳家軍作戰勇猛，多次打敗金軍，金兵懼怕，哀歎：「撼泰山易，撼岳家軍難！」

公元一一四〇年，兀朮又一次大舉南下。岳飛一面派人聯絡北方的民間抗金組織，一面親率大軍出擊。兩軍在郾城展開激戰，岳飛指揮兒子岳雲等率軍應戰，雙方從下午激戰到天黑，宋軍大獲全勝，追殺金軍幾十里。北方人民抗金情緒高漲，岳飛多次上書，請求宋高宗下令北伐。

然而宋高宗和奸臣秦檜害怕抗金力量壯大會威脅自己的統治，於是向金求和，並解除了岳飛等抗金將領的兵權。秦檜又用莫須有的罪名誣陷岳飛謀反，公元一一四二年初，年僅三十九歲的岳飛被害。岳飛一生廉潔正直，堅持抗金，身經百戰，未嘗一敗，保衛了南宋人民的生命財產，受到歷代人民的尊敬。後世把岳飛和張俊、劉光世、韓世忠並稱為「南宋中興四將」。

🐉 鍾相、楊麼起義

南宋初期，統治者橫徵暴斂，政繁賦重，再加上金軍南下蹂躪，江南民眾紛紛起義。公元一一三〇年，鼎州武陵（今湖南常德）人鍾相率先率眾起義，他提出「等貴賤、均貧富」的口號，得到大批窮困農民的回應，洞庭湖附近的農民紛紛加入。

鍾相遂正式建立政權，自稱楚王，年號天載。鍾相帶領義軍破州縣，殺貪官，均分財產，很快佔領了洞庭湖周圍的六個州和十九個縣。後來因遭南宋政府鎮壓，鍾相犧牲。

公元一一三三年，楊麼自立稱大聖天王，重建楚政權。數十萬

義軍在楊麼的率領下以洞庭湖為根據地，繼續與官府抗衡。義軍兵農相兼，陸耕水戰，既取得水戰優勢，又獲田蠶興旺，實力日益強盛。宋廷視之為心腹大患，多次遣軍討伐。

一一三五年，高宗命岳飛為荊湖南北路置制使，赴洞庭湖圍剿義軍。岳飛對義軍採取且招且捕、分化瓦解的策略，又遣人開閘泄放湖水，散放巨筏青草堵塞河道支流，以破義軍車船優勢，進而圍攻楊麼水寨，將其逐個擊破。至此，前後持續六年之久的鍾相、楊麼起義被鎮壓。此次起義是南宋最大的一場農民起義，打擊了南宋的腐朽統治。

🐉 郾城大捷

郾城之戰是南宋年間，宋朝與金國之間的一次決戰。此役宋朝名將岳飛帶領岳家軍以少勝多，予以金軍沉重打擊。公元一一四〇年，金國派完顏宗弼（兀朮）等四路大軍南下，當時岳飛軍駐郾城（今屬河南）。岳飛一面派人到河北一帶聯絡當地的民間抗金組織，一面親率大軍出擊。

郾城大戰中，金投入精銳騎兵一萬五千人。兀朮以頭戴鐵盔、身穿鐵甲的三千「鐵塔兵」打前鋒，以號稱「拐子馬」的騎兵居左右，列隊進攻。岳飛指揮其子岳雲等人率軍應戰，將士們手持刀斧，衝入敵陣，上砍騎兵，下砍馬腿。雙方從下午激戰到天黑，宋軍大獲全勝，兀朮的「拐子馬」幾乎全軍覆沒。

岳飛率軍追殺金軍至朱仙鎮（今河南開封南），高喊「直抵黃龍府，與諸君痛飲爾」。兀朮只好率部下退至開封。此役岳家軍奪得戰馬兩百多匹，收復了河南許多州縣。一時之間，北方人民抗金熱情高漲，各地義軍紛紛參加抗金戰爭。郾城之戰後，金軍哀歎

「撼泰山易，撼岳家軍難」。

 秦檜陷害忠良

　　秦檜（公元一〇九〇年～一一五五年），字會之，江寧（今江蘇南京）人。宋徽宗政和五年（公元一一一五年）進士，北宋末年任御史中丞。靖康之變時隨同徽、欽二宗被擄到金國，與金廷議和。公元一一三〇年被金國遣回南宋，朝廷中人都以其為奸細，卻得到了宋高宗的信任，任禮部尚書、參知政事，後官至宰相。公元一一三八年，高宗派秦檜和金國商談和談事宜。第二年，秦檜和金國簽訂和議，規定宋對金稱臣，年貢歲幣銀二十五萬兩，絹二十五萬匹；金歸還河南、陝西地及裝著徽宗的棺材和高宗之母韋太后。

　　這個屈辱的和約受到岳飛等主戰派的一致反對。岳飛於公元一一四〇年率領岳家軍取得郾城大捷後，多次上書要求宋高宗下令北伐，以趁機攻佔開封，收復河朔。但此時朝政完全由秦檜把持，宋高宗害怕抗金力量的壯大會影響和金國的議和，威脅自己的統治，於是連發十二道金牌召岳飛班師回朝，所得失地再次落入敵手，岳飛憤然泣下：「十年之功，廢於一旦。」其心境之悲涼可想而知。

　　高宗和秦檜先是解除了岳飛等人的兵權，然後又以莫須有的罪名誣陷岳飛，將其下獄，嚴刑逼供，岳飛有冤難訴，寫下了「天日昭昭，天日昭昭」八個大字。公元一一四二年，岳飛、岳雲父子及大將張憲在風波亭被殺害。岳飛雖死，但其高尚的氣節為萬世敬仰，而秦檜則作為害死岳飛的罪魁禍首而遺臭萬年。相傳民間為解對秦檜之恨，將麵團做成他的樣子丟入油鍋裡炸，並稱之為「油炸檜」，後來演變成了今日的油條。

紹興和議

本來在岳飛等抗金將領的率領下，宋軍在反擊金的入侵中已取得了一些勝利，但宋高宗與宰相秦檜唯恐有礙對金議和，遂解除了韓世忠、張俊、岳飛三大將的兵權。

紹興十一年（公元一一四一年），高宗將岳飛父子下獄後，便匆匆與金國簽訂了和約，史稱「紹興和議」。其主要內容有：宋向金稱臣，金冊封宋康王趙構為皇帝；宋金劃定疆界，東以淮河、西以大散關（陝西寶雞西南）為界，以南屬宋，以北屬金；宋割唐（今河南唐河）、鄧（今河南鄧州）二州及商（今陝西商縣）、秦（今甘肅天水）二州之大半給金；宋每年向金納貢銀二十五萬兩、絹二十五萬匹，每年春季於泗州交納。

紹興和議確定了宋金之間政治上的不平等關係，結束了長達十多年的戰爭狀態，形成了南北對峙的局面。當時並立的政權還有西北的西夏政權和西南的大理政權。

隆興和議

隆興和議是繼紹興和議之後，南宋迫於金兵壓力而與金簽訂的第二個不平等和約。公元一一六一年，金海陵王完顏亮兵分四路南下攻宋，不料在采石磯遭到了宋兵的頑強抵抗。同時金世宗完顏雍在遼陽稱帝，金國統治集團之間爭權奪利，金兵內部發生叛亂，完顏亮被殺。初登帝位的金世宗為了鞏固自己的統治，派出使臣向宋提出和議。

宋孝宗繼位之後，任命張浚為樞密使主持北伐，卻遭到了符離之敗。投降派由此抓到了口實，並暗中示意金人出兵兩淮，以威脅

宋廷同意和議。隆興二年（公元一一六四年），金世宗果然派大軍南下，突破宋的兩淮防線，直逼長江。面對威脅，宋廷最終決定與金國訂立和約。

和約內容大體如下：南宋對金不再稱臣，改為侄叔關係；雙方仍維持紹興和議規定的疆界；宋每年給金的「歲貢」改為「歲幣」，銀絹由各二十五萬兩、匹，減為各二十萬兩、匹；宋割商（今陝西商縣）、秦（今甘肅天水）兩州給金；金不再追回由金逃入宋的人員。

紹熙內禪

公元一一八九年，孝宗趙昚禪位於太子趙惇，趙惇即位，是為宋光宗。宋光宗即位後，改元紹熙。光宗患病，無法主持朝政，其在位期間，李皇后操縱朝政，撥弄是非，使光宗與太上皇（孝宗）長期失和，宦官、權臣乘機竊弄權柄，政治十分黑暗。

紹熙五年（公元一一九四年），太上皇病重，光宗始終未去問疾，也不執喪，朝中對此事議論紛紛。有大臣向光宗提出立光宗次子、嘉王趙擴監國，光宗表示想要退位。樞密使趙汝愚和知閣門事韓侂冑隨即奏請太皇太后，立趙擴為帝，是為宋寧宗，光宗被尊為太上皇。

因發生在紹熙年間，史稱「紹熙內禪」。宋寧宗即位後，依託外戚韓侂冑，使其專權長達十四年之久。寧宗追封岳飛為鄂王，追奪秦檜王爵，並於公元一二○六年下詔伐金，但由於宋軍準備不夠充分，加上主和派的阻撓，北上伐金失利。

 嘉定和議

嘉定和議是北宋伐金受挫後，被迫與金簽訂的第三個不平等和約。隆興和議之後，宋金之間休戰了四十多年。此時，蒙古勢力已在北方崛起，並不斷南下攻戰。金章宗在位晚期，金國內部接連爆發農民起義。公元一二○六年，蒙古族派兵侵犯金朝北部。同年五月，南宋重臣韓侂冑趁機對金用兵，冒然北伐，企圖收復失地。

一開始宋軍進軍順利，收復了不少地方，但不久之後，金國援兵大舉南下，宋軍潰敗。金人要求懲辦戰爭禍首，主和派禮部侍郎史彌遠等竟殺死韓侂冑，並將其首級送給金人。嘉定元年（公元一二○八年），在金朝大兵壓境的威懾下，宋廷不得不與金國再次議和，重簽和約，史稱「嘉定和議」。

其主要內容如下：宋金由叔侄之國改為伯侄之國；金歸還新侵宋的土地，雙方維持原來的疆界；宋進貢給金的歲幣由銀絹二十萬兩、匹，改為三十萬兩、匹。此外，金軍還向南宋索要「犒軍銀」三百萬兩。嘉定和議之後，金國已經無力南侵，而宋國在史彌遠的專權統治下，朝政日益腐敗，日益走向沒落的邊緣。

慶元黨禁

慶元黨禁是指宋寧宗慶元年間，朝廷重臣韓侂冑打擊政敵的政治事件。宋寧宗趙擴即位後，重用趙汝愚和韓侂冑。趙汝愚是當時的宰相，宣導理學，引薦朱熹，為皇帝講書。韓侂冑素與趙汝愚不和，因此極力排斥趙汝愚，先後起用京鏜、何澹等人。韓侂冑對宋寧宗說朱熹迂腐不可用，當時宋寧宗對韓侂冑十分信任，因此罷免了朱熹。

　　慶元元年（公元一一九五年），寧宗又罷免了趙汝愚。之後韓侂胄專權，定理學為偽學，禁毀理學家的「語錄」一類書籍。科舉考試凡有涉及理學者，一律不予錄取，凡和他意見不合的都稱為「道學」之人，並禁止趙汝愚、朱熹等人擔任官職。與趙汝愚有關係的人陸續被放逐，太學生楊宏中等六人被流放到五百里外，時號「六君子」。

　　慶元三年（公元一一九七年），又將趙汝愚、朱熹一派及其同情者定為「逆黨」，開列「偽學逆黨」黨籍，共五十九人。名列黨籍者都受到不同程度的懲罰，凡與他們有關係的人，也都不許擔任官職或參加科舉考試。這就是「慶元黨禁」，直到公元一二〇二年，才宣佈解禁。

宋蒙聯合滅金

　　南宋後期，蒙古族日益強大起來。公元一二〇六年，成吉思汗建立蒙古汗國之後，開始攻打金國，接連取得勝利，並於公元一二一五年攻佔了中都（即燕京，今北京廣安門一帶）。

　　窩闊台即位後，為了加速滅亡金國，決定採取連宋滅金的策略，於公元一二三二年派使者來到南宋，約定共同夾攻金朝，滅金以後，黃河以南的土地盡歸南宋所有。公元一二三三年，宋將孟珙率軍攻佔了金朝的唐、鄧二州，十一月又與蒙古軍圍攻金朝的最後堡壘蔡州。公元一二三四年春，蔡州告破，金哀宗自殺，金朝滅亡。

　　可是金國滅亡後，蒙古軍背棄約定，阻止南宋軍接收黃河以南的土地，決黃河水淹阻宋軍，並於公元一二三五年開始兵分兩路攻打南宋，蒙宋之間的戰爭由此展開。

文天祥抗元

　　文天祥（公元一二三六年～一二八三年），初名雲孫，字天祥，選中貢士後，換以天祥為名，改字履善，吉州廬陵（今江西吉安縣）人。文天祥十九歲時獲廬陵鄉校考試第一名，後又在殿試中被宋理宗欽點為第一。公元一二七一年忽必烈改國號大元，並於次年改燕京中都為大都，在此建都。之後開始了全面攻打南宋的戰爭，接連攻佔了襄陽、樊城等地，元軍順江而下，欲攻取臨安。

　　此時文天祥散盡家產，招募義軍抗元，但因寡不敵眾，抗爭失敗。公元一二七六年，南宋朝廷奉表投降，年僅五歲的宋恭帝被俘，不久陸秀夫等人在福州擁立七歲的宋端宗即位。不久元軍又攻入福建，端宗被迫逃至海上，在廣東一帶乘船漂泊。公元一二七七年，文天祥率軍攻入江西，在雩都（今江西南部）大敗元軍，攻取興國，人心振奮。但好景不長，元軍主力進攻宋軍大營，文天祥率軍北撤，敗退到河州（今福建長汀），損失慘重。公元一二七八年冬，元軍又大舉來攻，文天祥在五坡嶺兵敗被俘。

　　元軍要求文天祥寫信招降南宋大臣張世傑，乃書《過零丁洋詩》，其中的「人生自古誰無死，留取丹心照汗青」被千古傳唱。不久即被押往大都，公元一二七九年南宋滅亡後，文天祥仍矢志不渝。公元一二八三年，元世祖忽必烈因愛其才，親自勸降，但文天祥堅貞不屈，從容赴死，終年四十七歲。後人將文天祥與陸秀夫、張世傑稱為「宋末三傑」。

崖山殉難

　　公元一二七六年，南宋國都臨安淪陷，宋恭帝被俘，張世傑與

陸秀夫帶著宋朝二王（益王趙昰、廣王趙昺）出逃。後來剛滿七歲的趙昰被擁立為皇帝，是為宋端宗，改年號「景炎」。景炎三年（公元一二七八年），端宗病死，張世傑與陸秀夫等人又擁立他的弟弟趙昺為皇帝，改元「祥興」。

左丞相陸秀夫和太傅張世傑護衛趙昺逃到崖山（今廣東江門），在那裡佔據天險，準備繼續抗元。公元一二七九年，元將張弘範率領數十萬大軍，乘數百艘戰船入海攻打崖山。張世傑率兵拼死抵抗，最後宋軍潰敗。

陸秀夫見大勢已去，遂背起趙昺跳海自殺，隨行軍民相繼跳海而死者甚眾，後來張世傑也因翻船而溺死。南宋就此滅亡。崖山之戰是宋對蒙古最後一次有組織的抵抗，也是中國歷史上重要的轉捩點，此後蒙古族統一了中國。

瓷器的繁榮

南宋的疆域大概只有北宋的一半，而且長期受到金國的威脅，但是在北宋經濟發展的基礎上，南宋一朝的社會、經濟、文化獲得了極大的發展，商業和城市非常繁榮，紙幣代替銅錢成為主要的交易手段。在這樣的條件下，手工業達到了新的發展水準，紡織業、造船業、造紙業、印刷業都獲得了很大的發展。

而其中陶瓷業更是達到了極高的水準，在世界上都享有盛譽。當時陶瓷業的燒製技術、產量、品質以及瓷窯的數量和規模都大大提高，大小瓷窯遍佈全國。江西景德鎮仍然是江南瓷器業的中心，其產品有「饒玉之稱」。

宋瓷有民窯、官窯之分，在江西、浙江、四川等地分佈著許多民辦的瓷窯。汝窯、官窯、哥窯、鈞窯、定窯被稱為宋代五大名

窰。宋瓷精美絕倫，堪比玉石，是兩宋文化一朵絢麗的奇葩，是當時風靡世界的名牌商品，如今也具有非常高的文物價值。

大理（公元九三七～公元一〇九四年，公元一〇九六～公元一二五四年）

 大理國的興衰

公元九三七年，大義寧通海節度使段思平會合黑爨、松爨三十七蠻部，自石城（今雲南曲靖北）攻打大理，廢掉大義寧帝楊干貞，自立為帝，改國號為大理，建元文德。

大理國皇位傳至段廉義時，權臣楊義貞於公元一〇八〇年殺段廉義自立。四個月之後，高智廉命其子高升泰起兵誅殺楊義貞，立段廉義之姪段壽輝為王。段壽輝傳位給段正明之後，公元一〇九四年，高升泰廢掉段正明，自立為王，改國號為大中國。高升泰去世後，其子遵遺囑還王位與段氏，段正明之弟段正淳即位，此後的大理國被稱為「後大理國」，直至公元一二五三年為元世祖忽必烈所滅。

大理國位於今天的雲南地區，其政治中心在洱海一帶，疆域大概是現在的雲南省以及四川省西南部等地，其統治集團通用漢文，居民以白族和漢族為主，社會穩定，很少參與戰爭，境內農業、畜牧業、手工業等十分發達。大理國與北宋保持著貿易往來和友好關係，促進了西南地區的經濟文化發展。

西夏（公元一○三八年～公元一二二七年）

🐉 西夏立國

西夏是黨項族建立的政權，是羌族的一支，從漢朝開始活躍於西北邊界，在唐朝時開始強大起來，被唐太宗賜姓李，封為平西公。唐僖宗時，黨項族首領拓跋思恭幫助平定黃巢之亂有功，再次賜姓李，封為夏國公，從此拓跋思恭及其後代成為當地的藩鎮勢力。公元九八五年，宋太宗趙光義想消滅夏州割據勢力，李繼遷率眾歸順遼國，被封為夏國王。

李明德即位後，主動與宋議和，被封為定難軍節度使，晉爵西平王，遷都興州（寧夏銀川）。此後李明德進攻吐蕃等地，開發河西走廊地區，並在保安軍（今山西志丹）建立榷場，進行互市貿易，使黨項部族迅速發展起來。李明德死後，公元一○三二年，其子李元昊即位，被宋封為西平王，被遼封為夏國王。

李元昊身材魁梧，武功高強，勤奮好學，熟讀兵法、法律，擅長繪畫等，他即位後即開始積極準備脫離宋。先是改李姓，之後又不斷向西用兵，擴張領土，於公元一○三八年正式稱帝，國號大夏，建都興慶府（今寧夏銀川）。因為位於宋的西部，所以被稱為「西夏」。

元昊改制

公元一〇三二年，黨項族首領李德明逝世後，他的兒子李元昊即位為西平王。李元昊一向主張拓跋氏應建立自己的國家，於是從即位之初就開始進行改制，為脫離宋和遼奠定基礎。

他首先廢除唐、宋所賜的李姓、趙姓，改姓嵬名氏。第二年又以避父諱為名，改明道年號為顯道，開始了西夏自己的年號。

李元昊還頒佈「禿髮令」，規定官民的服飾。在其後幾年的時間裡，他建立宮殿，並建立完整的文武官制和兵制，制定禮樂，並命大臣創造西夏文，創立蕃學，大力發展西夏文化。這些改制措施，不僅是西夏立國的前期準備，而且還促進了西夏國的繁榮發展。

好水川之戰

延州之戰後，西夏軍對宋西北邊地的侵犯愈加頻繁。公元一〇四一年，宋仁宗感到西夏強盛，遂封夏竦為陝西略安撫使，韓琦、范仲淹為副使，共同迎戰大舉南下攻宋的十萬夏軍。當時韓琦不聽范仲淹勸阻，固執己見，率任福、桑懌、朱觀、武英、王圭及其各部，自鎮戎軍（今寧夏固原）至羊隆城（今寧夏固原西南部），企圖一舉殲滅夏軍。

任福率軍到達懷遠城，與夏軍交戰，夏軍且戰且退，將宋軍誘入好水川（今名甜水河，寧夏隆德縣東）地區。宋軍不知是計，陷入李元昊所設的包圍圈中，在好水川口附近，遭到李元昊所領夏軍設下的埋伏伏擊。雙方交戰一日，由於長途追擊，糧草不繼，人困馬乏，宋軍潰敗。任福、桑懌等戰死，宋軍幾乎全軍覆沒，只有朱

觀所領千餘人逃脫。西夏軍也傷亡慘重，史稱好水川之戰。

此戰，西夏元昊運籌周密，巧妙設伏，利用小股詐敗，誘宋軍就範，並利用騎兵優勢，突然襲擊，一舉獲勝，是中國古代戰爭史上一次成功的伏擊戰。

賀蘭山之戰

西夏自李元昊稱帝後，日益強盛，由附遼抗宋發展至與遼、宋抗衡，因此，遼興宗耶律宗真決意進擊西夏。公元一〇四四年，遼興宗親領騎兵十萬渡黃河至金肅城（今內蒙古準噶爾旗西北），分兵三路向西夏進攻：北院樞密使蕭惠率主力六萬出北路，進兵賀蘭山北；皇太弟耶律重元率兵七千出南路策應；中路由東京留守蕭孝友統領，隨護遼興宗行營。

面對遼軍大舉進攻，李元昊將主力左廂軍秘密部署在賀蘭山北，以逸待勞，伺機破敵；另以部分兵力在河套地區箝制和迷惑遼軍，以創造戰機。

遼軍北路軍的前鋒兵力在賀蘭山北與西夏的左廂軍接戰。李元昊見遼兵力不斷增多，一面據險抵抗，並在河西部署埋伏，一面偽裝求和，假意撤退，以拖延時間，消耗遼軍糧草。待到遼軍糧草已盡，欲速戰速決之時，李元昊率少量騎兵左衝右突，衝破遼軍陣形，然後揮兵進行大舉反擊。遼軍大亂，人馬互相踐踏，死傷慘重，大敗而歸。遼興宗只好收集餘部，倉皇撤回雲州（今山西大同）。這就是賀蘭山之戰，此時的西夏達到強盛時期。

天盛之治

公元一一三九年西夏國的第五代皇帝李仁孝即位，是為西夏仁

宗。當時西夏連遭地震、饑荒等自然災害威脅，民不聊生，為緩和社會矛盾，他下令賑濟災民，平息叛亂，與金國和宋交好，以穩定社會局面。

接著仁宗進行了一系列的社會改革：重用漢族大臣主持國政；頒行法典《天盛年改新定律令》；推崇儒學，設立學校，推廣教育；開設科舉，作為選拔人才的依據。此外他還尊尚佛教，重視禮樂，大力發展生產。

西夏仁宗統治前期，和宋、金之間基本上奉行和平政策，西夏政治安定，經濟發展，文化繁盛，各汗國紛紛前來朝貢，此時的西夏達到了鼎盛時期，史稱「天盛之治」。

河西失陷

西夏後期，國力日益衰落，受到金、蒙古的威脅。西夏神宗在位時，蒙古大軍多次攻打西夏，並脅迫西夏和蒙古一起攻打金國。公元一二二三年，蒙古軍和西夏軍攻打鳳翔（今陝西鳳翔），圍攻了一個多月都沒有攻下，西夏軍統領率兵不辭而別。

蒙古轉而攻西夏，西夏神宗李遵頊懼怕，遂傳位於子李德旺，是為獻宗，改元乾定。李德旺即位後，派人到漠北聯絡未臣服的各部，共同抗擊蒙古。

成吉思汗得知西夏有意反叛，於是移師進攻沙州（今甘肅敦煌）。西夏國王李德旺答應派遣兒子去蒙古為人質，向蒙古稱臣，蒙古軍才從沙州退兵。之後西夏又拒絕派遣人質，而且接納了背叛蒙古的乃蠻部赤臘喝翔昆。成吉思汗大怒，公元一二二六年，親率蒙古軍十萬攻打西夏，佔領了河西之地。西夏自此走上了滅亡之路。

金朝（公元一一一五年～公元一二三四年）

完顏阿骨打建國

女真族是我國東北地區的少數民族，居住在白山黑水之間，他們善於騎射，以遊牧生活為主，也漸漸地開始從事農業生產。女真分為熟女真和生女真，在遼陽以南，編入遼朝戶籍的為熟女真，在黑龍江、長白山一帶，未編入遼朝戶籍的為生女真。後來生女真中的一支完顏部落逐漸開始強大起來，到完顏阿骨打的祖父完顏烏古乃即位時，被遼國封為生女真節度使。

此後完顏烏古乃掌握了鐵器技術，製作弓箭和生產工具，並發展農桑，以完顏部為核心的女真部落逐漸強大起來，開始不斷征討其他的部族。公元一一一三年，完顏阿骨打即位為女真部落聯盟長，他善於騎射，力大過人，相繼平定了女真各部，建立了奴隸制國家。

此時遼朝政治日益腐敗，對女真人的壓迫和勒索越來越嚴重，強迫女真人每年交納巨額的人參、貂皮、海東青等物品，激起了女真各部的憤怒。於是，公元一一一四年，完顏阿骨打起兵反遼，在寧江州（今吉林省扶餘東南）和出河店（今吉林省扶餘境內）兩次大敗遼軍。公元一一一五年，阿骨打在會寧（今黑龍江省哈爾濱市

阿城南）稱帝，國號大金，改元收國，是為金太祖。

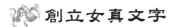 ## 創立女真文字

　　女真人一開始沒有自己的文字，而只有語言，因為受制於遼國，所以從完顏阿骨打祖輩完顏頗剌淑開始學習契丹語，令女真子弟學習契丹文，金國的內外公文幾乎全用契丹文。公元一一一三年，完顏阿骨打即位後，下令臣僚完顏希尹和葉魯仿照契丹大字和漢字，創制了女真文字，並於公元一一一九年頒行使用，此即後世所謂女真大字。

　　女真大字逐漸開始用於官方檔。公元一一三八年，金熙宗完顏亶參照契丹字，又創制頒佈了另一套筆劃更為簡單的女真文字，此即後世所稱的女真小字。

　　女真小字經過修訂之後，於公元一一四五年才正式開始使用。這樣，女真大小字、契丹文、漢文在金國一起被使用。現存有關女真字的材料非常稀少，主要見於金石、墨蹟等。

實行猛安謀克制

　　公元一一一五年，完顏阿骨打建立金後，擴充和整頓了軍隊，推行了猛安謀克制度。

　　猛安謀克原本是女真氏族社會的部落基本組織，它是因應圍獵、征戰的需要而產生的，後來由最初的圍獵編制，進而發展為軍事組織，最後變革為地方行政組織，具有行政、生產與軍事合一的特點。猛安謀克作為軍事編制單位，其實際人數多少不定。

　　金太祖將猛安謀克制度化，規定三百戶為一謀克，十謀克為一猛安。對歸附的部族首領給予猛安或謀克的稱號，並將其部眾編入

其中。因此，猛安謀克既是女真的軍事組織，也是社會行政單位，這一組織制度有利於女真經濟的發展和軍事力量的強大。

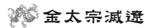 金太宗滅遼

完顏阿骨打目睹女真族人備受遼國欺壓，早就有滅遼之志。公元一一一四年，完顏阿骨打率領兩千五百人起兵反遼，攻破寧江州和出河店。公元一一一五年，完顏阿骨打稱帝後積極準備攻遼。此時遼國內部貴族之間鬥爭激烈，腐敗不堪，叛亂不斷。

完顏阿骨打內修制度，外整軍隊，於同年秋，率大軍攻佔遼國軍事重鎮黃龍府。公元一一一六年，金兵又佔領了東京（遼陽）和瀋州（瀋陽）。公元一一二〇年，完顏阿骨打與宋朝訂立「海上之盟」，相約合擊攻遼後，又攻陷了遼上京臨潢府（今內蒙古巴林左旗南）。

公元一一二二年，趁著遼國內訌之後兵力空虛，金軍又攻佔了遼中京（今內蒙古寧城西），天祚帝慌忙率五千騎兵逃往西京（今山西大同），金軍又攻佔西京，天祚帝只好逃往夾山（今內蒙古五原西北）避難。此時金兵佔領了長城以北的所有土地，又趁機南下佔領燕京（今北京市）。

公元一一二三年，完顏阿骨打病死，其弟完顏吳乞買即位後，繼續攻打遼國。公元一一二五年，金國將領完顏婁室擒獲了天祚帝，存在兩百多年的遼國就此滅亡。

金熙宗改革

金熙宗即完顏亶，女真名合剌，金太祖完顏阿骨打的長孫。公元一一三五年，金太宗完顏吳乞買去世後，完顏亶即位為金國的第

三代皇帝。金熙宗自小學習漢文典籍，喜歡雅歌儒服，能用漢文賦詩作書。

他即位後，重用漢人，學習漢族制度，推行了一系列改革。建立了以尚書省為中心的三省制，以三師（太師、太傅、太保）以及三公（太尉、司徒、司空）領三省事。改行遼、宋管制，太祖四子完顏宗弼（即金兀朮）是推動漢制的重臣，金熙宗授以軍政大權。後又以宗磐、宗幹和宗翰三人共同總管政府機構，「並領三省事」。

公元一一三八年（天眷元年），正式頒行官制，並確定封國制度，規定百官的儀制與服色，號為「天眷新制」，同時開始營建宮室，並於同年頒佈了女真小字，較女真大字筆劃更為簡省，於公元一一四五年正式使用。

此外金熙宗還廢除了原有的「諳班勃極烈」制度，此前金國皇帝都是確立自己的兄弟為諳班勃極烈（皇儲），自此改為立自己的皇子為皇儲。

金世宗治世

金世宗，名完顏雍，女真名烏祿，金太祖完顏阿骨打之孫，是金國的第五位皇帝。完顏雍善於騎射，才智過人，在他之前的海陵帝完顏亮在位時勤於征戰，賦稅繁重，致使社會衝突嚴重。公元一一六一年，完顏亮南下征宋時，完顏雍趁機起兵，被擁立為皇帝，改元大定，是為金世宗。

後來海陵帝被部將所殺，金世宗總結教訓，革除完顏亮在位時的弊端，主動和宋朝議和休戰，推行了一系列與民休息的措施。

金世宗本人十分樸素，提倡節儉。他重視農桑，興修水利，獎勵墾荒，實行「增產者獎，減產者罰」的措施；並下詔免奴為良，

遇有水旱災害，則減免租稅，提高了生產的積極性，使農業和畜牧業得到了發展。

　　他還鼓勵手工業的發展。在文化方面他進一步鞏固科舉考試，創立女真太學，培養女真知識份子。經過一段時間的治理，金朝國庫充盈，百姓安居樂業，商業繁榮，實現了「大定盛世」的鼎盛局面，金世宗也因此被稱為「小堯舜」。

元朝（公元一二○六年～公元一三六八年）

成吉思汗統一蒙古

　　成吉思汗（公元一一六二～一二一七年年）本名鐵木真，姓孛兒只斤，乞顏氏，元代追諡廟號太祖。在蒙語中，「成吉思」是「大海」的意思，頌揚他和海洋一樣偉大。成吉思汗是中華民族發展史上一位傑出的人物，他先是爭取到札答刺部首領札木合和克烈部首領王罕的支持，打敗了塔塔兒、蔑兒乞等部，又與王罕合兵擊敗札木合。

　　接著，他與王罕決裂，在公元一二○三年攻滅了克烈部。公元一二○四年征服了乃蠻部。公元一二○六年，蒙古各部實現了統一，在東起興安嶺，西至阿爾泰山，南至大沙漠，北達貝加爾湖的廣大地區，建立起蒙古歷史上第一個軍事奴隸制國家。

　　成吉思汗所領導的統一蒙古各部的戰爭，結束了草原上長期分裂混戰的局面，使複雜、眾多的部落聯合成統一的蒙古民族。

　　其在位期間，征服地域西達黑海海濱，東括幾乎整個東亞，為世界歷史上著名的橫跨歐亞兩洲的大帝國之一。公元一九九五年十二月三十一日成吉思汗被美國《華盛頓郵報》評選為「千年風雲第一人」。

蒙古滅西夏

西夏是以黨項族為主體民族建立的國家。公元一○三八年，李元昊稱帝，國名大夏，習稱西夏。公元一二○五年和一二○七年，成吉思汗兩次攻入西夏，由於西夏軍民抵抗，蒙古軍退回漠北。

公元一二○九年秋，蒙古軍從黑水城（即亦集乃，今內蒙古阿拉善盟額濟納旗東南）入境，直趨兀剌海關口，進逼中興府（今寧夏銀川市）周邊要隘克夷門。西夏守軍力戰，挫敗蒙古軍，雙方相持兩個月後，蒙古軍圍困中興府。西夏襄宗獻女請降，並許諾每年向蒙古納貢，蒙古軍撤退。公元一二一七年，成吉思汗決定西征，命西夏出兵隨征，被西夏拒絕。於是，蒙古軍再次入侵西夏，包圍中興府，夏主神宗逃走，遣使請降，蒙古軍撤圍退走。

公元一二二六年，蒙古軍再次分兵兩路進攻西夏：一路自畏兀兒境東進，另一路由成吉思汗率領，從漠北南下，沿黑水、兀剌海諸城，進至賀蘭山。十二月，圍攻夏都中興府。公元一二二七年六月，西夏末帝李睍向蒙古軍投降，請求寬限一月獻城。七月，蒙古軍包圍中興府，李睍被迫獻城，西夏滅亡。

蒙古滅金

蒙金之戰是金朝女真族與蒙古貴族之間進行的一場戰爭，這場戰爭從公元一二一一年蒙古成吉思汗侵金開始，到公元一二三四年窩闊台滅金結束，前後用了二十三年的時間。公元一二○六年，蒙古人的傑出領袖成吉思汗統一了蒙古諸部後，在漠北建立大蒙古國。公元一二一一年，成吉思汗自龍駒河率軍南下，越過陰山，襲擊金朝邊地，揭開了蒙金戰爭的序幕。

金朝在蒙古軍的迅猛打擊下，被迫放棄中都（今北京），退守汴京（今河南開封）。公元一二三○年，窩闊台計畫兵分三路合圍汴京，消滅金朝，中路由窩闊台率兵攻陷河中府，左路斡陳那顏進兵濟南，右路拖雷出鳳翔，攻破寶雞，直指汴京。金軍在鈞州以南的三峰山陷入蒙古軍的重圍之中，金軍寡不敵眾而失敗。公元一二三二年，蒙古軍攻克洛陽，進而進逼汴京，金哀宗棄城出逃，經歸德逃往蔡州。

公元一二三三年，蒙古與南宋達成聯兵滅金的協定，塔察兒率領蒙古軍，孟珙率領宋軍，分道進攻蔡州。宋蒙軍隊協力圍困蔡州，內防金兵突圍，外阻金兵入援。蔡州被困三個月，彈盡糧絕，最終被宋蒙軍隊攻陷，金哀宗自殺，金朝滅亡。金朝自公元一一一五年完顏阿骨打建國，至此滅亡，歷經一百一十九年的歷史。

創造蒙古文字

公元一二○四年，成吉思汗征服乃蠻部以後，蒙古族開始採用回鶻字母拼寫自己的語言。這種書寫系統是現行蒙古文的前身，現在稱做回鶻式蒙古文。公元一二○六年，成吉思汗建立蒙古汗國後，進行了政治、經濟和軍事領域的改革：建立「領戶分封制」；編纂習慣法法典，建立行政管理體系；創立護衛軍；創造蒙古文字；確立宗教與政治的關係。

元世祖忽必烈在漢地立國建都後，仍然十分留心保持與發展蒙古民族的語言和文化。公元一二六○年十二月，忽必烈封吐蕃薩迦的八思巴為「國師」，命八思巴率領一些吐蕃語言文學者重新創制蒙古文字，至公元一二六九年二月，新字製成。

忽必烈於公元一二六九年頒行「蒙古新字」（不久改稱「蒙古

字」，今通稱「八思巴文」）後，回鶻式蒙古文的使用一度受到限
制。元代後期，回鶻式蒙古文又逐漸通行。到十七世紀時，回鶻式
蒙古文發展成為兩支，一支是通行於蒙古族大部分地區的現行蒙古
文，一支是只在衛拉特方言區使用的托忒文。

字」，今通稱「八思巴文」）後，回鶻式蒙古文的使用一度受到限制。元代後期，回鶻式蒙古文又逐漸通行。到十七世紀時，回鶻式蒙古文發展成為兩支，一支是通行於蒙古族大部分地區的現行蒙古文，一支是只在衛拉特方言區使用的托忒文。

忽必烈平定大理

大理國是白族祖先於後晉天福二年（公元九三七年）建立的政權，轄今雲南全境及四川西南部。蒙哥汗二年（大理天定元年，公元一二五二年）七月，蒙哥秉承父祖滅宋之志，採納其弟忽必烈的建議，決定避開宋軍主要防線，進兵大理國，欲借西南人力物力，包抄南宋。

次年夏，出蕭關（今甘肅平涼東），經六盤山集結於臨洮，練兵備戰，並遣使赴大理國招降。同時，蒙哥命汪德臣率軍入蜀，抵嘉定（今樂山），配合忽必烈行動。九月，忽必烈督軍至忒剌（今甘肅迭部縣達拉溝），分兵三路南進，大理國王拒絕投降，以權相高祥率軍屯戍金沙江沿線，又遣將領高通率一部隊駐會川，抵禦蒙古軍。

十二月初，大理軍與蒙古中、東兩路軍隔金沙江對峙。兀良合台部隊越過旦當嶺（今雲南中甸境）進入大理境內，招降麼些部落（今納西族），佔領三賧（今麗江），從側後攻擊大理軍主力。蒙古中、東路軍先後渡金沙江與西路軍會師於龍首關，合力攻擊，全殲大理軍主力，乘勝佔領都城，段興智、高祥潛逃。

公元一二五四年初，忽必烈命劉時中為宣撫使治理大理，留兀良合台繼續作戰。當年秋天，兀良合台率軍攻佔善闡（今昆明），俘降大理國主段興智，繼以段氏為先鋒攻克未附城寨，佔領大理全

境。

忽必烈滅南宋

　　大理國滅亡後，公元一二五八年，蒙古軍兵分三路，全力進攻南宋：大汗蒙哥親自帶兵攻打四川，忽必烈攻打鄂州（今湖北武昌），兀良合台攻打潭州（今湖南長沙）。蒙哥在四川遭到南宋將領余玠的拼死抵抗，一年後才打到合州城下（今四川合川），蒙哥被宋軍炮石射中，死於軍中，蒙古軍被迫撤軍，蒙古內部陷入了王位爭奪之中。

　　公元一二六〇年，忽必烈在開平即汗位，公元一二七一年定國號大元，在政權鞏固之後又開始大舉南下攻宋。公元一二七三年元軍攻佔了襄陽、樊城。公元一二七四年，忽必烈命大將伯顏自襄陽順江而下，沿途各城紛紛投降。公元一二七五年，元軍在丁家洲（今安徽銅陵境內）與賈似道率領的十三萬宋軍展開決戰，宋軍潰敗。

　　元軍乘勝攻擊，於公元一二七六年佔領臨安，年幼的宋恭帝趙顯出城投降，但文天祥、陸秀夫等人仍在南方堅持抗戰。公元一二七八年，文天祥兵敗被俘。公元一二七九年，元軍進攻南宋的最後據點崖山，崖山之戰中宋軍大敗，陸秀夫背著小皇帝趙昺投海自盡，南宋滅亡，元朝至此完成了統一全國的進程。

忽必烈創立元朝

　　公元一二五九年，蒙古可汗蒙哥在攻打南宋時戰死，蒙古被迫撤軍。此時正在圍攻鄂州的忽必烈為了爭奪汗位，與南宋議和後班師北還。公元一二六〇年初，蒙哥七弟阿里不哥在宗王阿速台等大

多數蒙古正統派的支持下，於首都哈拉和林透過「忽里勒台」大會即大汗位。

與此同時，忽必烈在部分漢族地主和蒙古宗王的支援下，於開平（今內蒙古正藍旗東）自稱大汗。公元一二六〇年四月，忽必烈設中書省，總管國家政務，以王文統任平章政事，在各地分設十路宣撫司，任漢人儒士為官。公元一二六〇年五月，忽必烈頒佈《即位詔》法令，並建元中統。由於忽必烈在中原漢地自行集會稱汗，並且推行漢法，明顯違背了蒙古傳統，引起了阿里不哥和蒙古正統派的強烈不滿，忽必烈與阿里不哥隨即展開了長達四年的汗位爭奪戰爭。公元一二六四年，阿里不哥兵敗投降。

但忽必烈推行的「行漢法」主張卻招致許多蒙古貴族的不滿，拒絕歸附忽必烈汗國，因此忽必烈的政權只包括「中國」（並非完全今天意義上的中國）與蒙古高原地區，從此蒙古帝國不復存在。公元一二七一年，忽必烈公佈《建國號詔》法令，取《易經》中「大哉乾元」之意，正式建國號為「元」。次年，又確定以大都（今北京）為首都，元朝正式建立。

忽必烈推行「漢法」

蒙古統治者初入中原時，試圖將蒙古的遊牧方式和統治方法加到漢人身上，這些都導致了嚴重的民族矛盾和社會矛盾，社會混亂不堪，因此不得不考慮加以改變。公元一二五一年起，忽必烈受命管理漠南地區的軍國政務後，他任用漢人士大夫劉秉忠、張文謙等人為官，逐漸採取了一系列的改革措施，克服了其統治方式中的弊端。公元一二六〇年，忽必烈在開平即位後，展開了和阿里不哥之間的汗位之爭。

在此期間，為了爭取漢族地主階級的支持，也為了增強實力，他公然宣佈「遵用漢法」。其主要措施有：尊禮孔孟，重用儒士，任用了一大批漢族官吏；在經濟上，重視農業，保護生產，下令將牧田還為農田，招民耕種，並禁止掠人為奴，將已掠奪來的人釋放為農民，並設立勸農司和營田司，主持興修水利和發展農業。

這一系列措施加強了中央集權，鞏固了統治，也促進了民族之間的融合。但忽必烈的吸收「漢法」是以維護蒙古貴族的利益為前提的，因此在政治文化的許多方面保留了蒙古舊俗。

平定李璮之亂

李璮是農民起義領袖李全之子，李全投靠蒙古後被封為益都（今山東境內）行省長官。李璮承襲父職後，專制山東三十年，依違於蒙宋之間，時常以攻宋為名向蒙古索要糧草官職。公元一二五九年，李璮積極加固城防，儲存糧草，準備反叛蒙古。

公元一二六○年，忽必烈和阿里不哥展開了對汗位的爭奪戰，為了穩定李璮，忽必烈加封他為江淮大都督。公元一二六二年初，李璮趁忽必烈傾全力抗禦阿里不哥南犯之機，與其岳父平章政事王文統裡應外合，舉兵反叛，攻佔益都、濟南等地。

忽必烈立即處死了王文統，並迅速集中蒙漢大軍征討李璮。七月，李璮兵敗被俘，被斬於軍前。

李璮的叛亂引起忽必烈對漢人的猜忌，於是採取了一系列措施，如廢除漢人諸侯的世襲制度，削弱這些家族的軍權，在地方上實行軍民分治等等。一方面可以加強中央集權，另一方面則可嚴密防範漢人。此外，又在各級政權中引用色目人分掌事權，使其與漢人官僚相互牽制。

實行四等人制

在元代，蒙古貴族為保持自己的特權地位，維護對漢族及其他少數民族的統治，根據民族和被征服的先後，將全國居民分為蒙古、色目、漢人、南人四等。第一等蒙古人為國族；第二等為色目人（包括西夏人、維吾爾人、西域人等）；第三等漢人（黃河以北原金朝境內的漢族和契丹、渤海、女真各族）；第四等南人，指最後為元征服的原南宋境內的各族。

其中漢人、南人絕大部分都是漢族。元朝廷規定四等人的地位、待遇是不平等的，表現在：一、任用官吏方面。從中央到地方各級官署的實權多數操握在蒙古人、色目人手中，嚴防漢人掌握軍機重務；二、法律地位上的不平等。元統治者曾下令：蒙古人因爭執毆打漢人，漢人不得還手，只許向官府申訴，違者治罪。四等人犯同樣的罪，量刑的輕重也有所不同；三、對漢人、南人進行嚴密的軍事防制。嚴禁漢人、南人持有弓箭和其他兵器，甚至禁止漢人和南人畜鷹、犬為獵，違者沒收家產。

元代統治者實行四等人制，旨在利用民族分化手段維護其本身的特權統治。四等人制的實行，使元朝的社會衝突更加複雜、惡化，從而加速了元朝的滅亡。

設立行中書省

元代實施行中書省制度。中書省掌管全國的行政，設立中書令，由皇太子兼領，下設左右丞相、平章政事，下領吏、戶、禮、兵、刑、王六部。

元代地方的最高行政機構是行中書省，簡稱行省，或只稱省。

管轄一個省的軍政大事，設立丞相、平章政事、左右丞、參知政事等職。元代的行省制沿襲自金國的行尚書省，一開始它和金國一樣，只是一種中央政府派遣在外的臨時機構。後來由於戰爭等各種因素，行省也開始干預地方政務，逐漸變成了最高一級的地方行政區域。

全國分為中書省直轄區和宣政院轄地，當時全國除了山東、山西、河北直屬中書省外，還有十個行省，以分管各地區。

元人稱其制為：「都省握天下之機，十省分天下之治。」行省下有路、府、州、縣，路歸省管。府和州有的歸路管，有的歸省管，還有的州歸府管。縣有的歸路管，有的歸府管，有的歸州管。

設立宣政院

忽必烈建都後，十分注重保持和發展蒙古民族的語言和文化。公元一二六〇年冬，忽必烈封吐蕃薩迦的八思巴為「國師」，命八思巴率領一些吐蕃語言文學者重新創制蒙古文字。公元一二六四年，總制院設立，以國師八思巴統領。

後來，尚書右丞相兼總制院使桑哥，認為總制院統領吐蕃各宣慰司軍民財穀，責任甚重，宜加崇異，因此上書奏請用唐朝皇帝在宣政殿接見吐蕃使臣的故典，改名為宣政院。

宣政院是元朝掌管全國佛教事宜和藏族地區軍政事務的中央機關，由帝師兼領。從此，西藏地區正式成為我國中央政府直接管轄的一個地方行政區域。

郭守敬制訂《授時曆》

郭守敬（公元一二三一年～一三一六年），河北邢臺人，元代

傑出的科學家，在天文、曆法、水利三方面都很有成就。他曾擔任都水監，負責修治元大都至通州的運河。公元一二六二年，他提出修治燕京附近的運道，開發邢臺、磁州農田水利及豫北沁河、丹河水利等六項建議，得到了元世祖忽必烈的稱讚。

公元一二七五年，元朝廷開始修築京杭大運河，郭守敬奉命勘察了今山東西南的泗水、汶水、御河等主要河流，設計了京杭大運河山東段的河道線路，為運河全面溝通奠定了基礎。公元一二七六年，郭守敬受命修訂新曆法，他花了三年的時間創造了簡儀、仰儀、圭表等許多天文儀器，其中簡儀比歐洲同樣的儀器要早三百年。

他透過對全國二十七個點的實測和研究，於公元一二八〇年制訂了《授時曆》。這是當時世界上最先進的一種曆法，它以三百六十五點二四二五天為一年，和地球繞太陽的實際週期只差二十六秒，比現在通行的陽曆——西方的格力高里曆早了三百年。

郭守敬是與張衡、祖沖之等人齊名的我國古代八大科學家之一，是十三世紀末登上世界科學高峰的傑出人物。

黃道婆改進紡織技術

黃道婆生於南宋末年淳祐年間（公元一二四五年～一三三〇年），又名黃婆、黃母，松江府烏泥涇鎮（今上海市華涇鎮）人。她出身貧苦，少年受封建家庭壓迫而流落崖州（今海南島），以道觀為家，與黎族姐妹一起工作、生活。當時黎族人民生產的黎單、黎飾、鞍塔聞名內外，棉紡織技術比較先進，黃道婆聰明勤奮，虛心向黎族人民學習紡織技術，並且融合黎漢兩族人民紡織技術的長處，逐漸成為一個出色的紡織能手。

元代元貞年間（公元一二九五年～一二九六年），黃道婆重返故鄉，由於家鄉紡織技術落後，她就在松江府以東的烏泥涇鎮教人織棉，並且改革棉紡工具等織造技術，提高紡紗效率。此外，她還把從黎族人民那裡學來的織造技術，結合自己的實踐經驗，總結成一套比較先進的「錯紗、配色、綜線、挈花」織造技術，熱心向人們傳授。

由於烏泥涇和松江一帶人民迅速掌握了先進的織造技術，一時「烏泥涇被不脛而走，廣傳於大江南北」。而黃道婆也成為了元代著名的棉紡織家，為江南經濟的發展作出了重要貢獻。

南坡之變

元朝建立以後，宗室內亂、宮廷政變、后妃干政、權臣用事等接連不斷，令朝政混亂。元英宗即位後，決意改革朝政，因朝政被權相鐵木迭兒及其黨羽把持，難以推行。

公元一三二二年，鐵木迭兒死後，元英宗起用太常禮儀院使拜住為中書右丞相，開始推行新政，同時處死了鐵木迭兒之子八思吉思，並追查其黨羽。以御史大夫鐵失為首的餘黨非常驚恐，於是密謀政變。公元一三二三年八月五日，元英宗與拜住自上都（今內蒙古正藍旗東）南返大都（今北京），途經南坡店（上都西南三十里）駐營。當日夜晚，鐵失與鐵木迭兒之子鎖南、知樞密院事也先帖木兒、大司農失禿兒等十六人發動政變，以阿速衛軍為外應，殺死元英宗和拜住。

九月，也孫鐵木兒在漠北即位，次年改元泰定，史稱泰定帝。俗稱這一歷史事件為「南坡之變」。

🐉 馬可・波羅遊歷中國

馬可・波羅（公元一二五四年～一三二四年），義大利威尼斯人，世界著名的旅行家、商人。公元一二七一年十一月，馬可・波羅跟隨父親和叔叔，途經中東，沿著古代的絲綢之路東行，於公元一二七五年五月到達中國的上都（今內蒙古多倫縣境內），此後又到達大都（今北京）。

他得到了元世祖忽必烈的信任，在元朝任職，從此留居中國達十七年之久。在此期間，他的遊歷幾乎遍及中國。後因伊兒汗國阿魯渾遣使向元室求婚，他奉命護送公主出嫁，於公元一二九一年初從福建泉州離開中國，由海路去波斯。

完成使命以後，他於公元一二九五年回到故鄉威尼斯。公元一二九八年，馬可・波羅在威尼斯與熱那亞的戰爭中被俘，在獄中，他口述了在中國和東方諸國的見聞，由比薩作家魯斯蒂謙寫出《馬可・波羅遊記》。

《馬可・波羅遊記》記述了他在東方最富有的國家——中國的見聞，激起了歐洲人對東方的熱烈嚮往，對以後新航路的開闢產生了巨大的影響。同時，西方地理學家還根據書中的描述，繪製了早期的「世界地圖」。

🐉 元曲的發展

元曲是元代文學的重大成就，和唐詩、宋詞並列，成為我國文學史上三座重要的里程碑。元曲包括戲劇和散曲，其中戲劇又分為雜劇和南戲。因為元雜劇的成就和影響遠遠超過散曲，因此也有人以「元曲」單指雜劇。

元雜劇是北方地方「院本」和宋金傳統的「諸宮調」相結合的產物，一般每劇分為四折，劇前或兩折之間可以加「楔子」。此外元代還出現了和雜劇曲牌一樣卻沒有念白和摺子的歌曲，即散曲，因為起源於北方，故散曲又稱北曲。

散曲主要有小令和套數兩種形式，從結構上可分為：小令、中調、長調。此外，元代南方流行一種以南曲強調演唱的地方戲，被稱為南戲，也叫傳奇。

南戲是隨著南方地區經濟的繁榮和商業的發達而出現的。散曲、雜劇和南戲統稱為元曲。元代湧現出了燦若繁星的戲曲作家，其中關漢卿、白樸、馬致遠、鄭光祖被稱為元曲四大家。

 ## 元雜劇的興盛

元代雜劇是在前代戲曲藝術，宋雜劇和金院本的基礎上發展起來的一種戲劇樣式，最初流行於北方，以大都（今北京）為中心，遍佈河南、河北，因為受方言的影響，它有不同的聲腔流派。

元雜劇大致是在金末元初最先出現，到了元成宗元貞、大德年間，其創作和演出進入鼎盛時期。這一時期人才輩出，名作如林。代表作有關漢卿的《竇娥冤》、《救風塵》、《單刀會》，王實甫的《西廂記》，白樸的《牆頭馬上》和《梧桐雨》，馬致遠的《漢宮秋》，楊顯之的《瀟湘夜雨》，紀君祥的《趙氏孤兒》，康進之的《李逵負荊》等，此外還有武漢臣、鄭廷玉、李文蔚以及女真族李直夫等人，都是著名的雜劇作家。

大德以後是元雜劇發展的後期。元滅南宋統一中國之後，南方經濟恢復發展較快，雜劇活動中心逐漸由大都南移杭州。北方作家紛紛南下，這對雜劇的南移有很大影響。這一時期主要的劇作家有

鄭光祖、喬吉、秦簡夫等，但後期雜劇創作漸趨衰微，這一時期除少數作品較為傑出之外，大部分作品的思想性和藝術性都不如前期。

 ## 回族的形成

大約從七世紀中葉以後，有一些信奉伊斯蘭教的阿拉伯人和波斯人來到中國經商，逐漸定居在廣州、泉州、杭州、揚州和長安等地，被稱為「蕃客」。

十三世紀初，蒙古軍隊西征期間，又有大量信奉伊斯蘭教的波斯人、阿拉伯人以及中亞各族人，被遣發或自動遷徙到中國來，散居我國各地。他們在元代官方文書中被稱為「回回」，是當時「色目人」中的主要部分。後來，他們由於通婚和經濟文化聯繫，同漢人、蒙古人、畏兀兒人等，經過長期的融合和發展，到元朝末年開始形成一個新的共同體，具備了一個民族的雛形，即回族。

在回族形成的過程中，伊斯蘭教具有決定性的作用。唐、宋、元時期留居中國內地的穆斯林是形成回族的基本成分。入明以後逐漸形成回回民族，明代是回族最終形成時期。

 ## 紅巾軍起義

元朝後期，以蒙古族貴族為主的統治階級，對各族特別是漢族人民的掠奪和奴役十分殘酷。官府橫徵暴斂，苛捐雜稅名目繁多，統治者揮霍無度，政府財政入不敷出，因此更加濫發貨幣，禍國殃民。再加上黃河連年失修，多次決口，民不聊生，反抗的烈火日益在人民心中燃起。在這種情況下，韓山童、劉福通利用白蓮教和彌勒教暗中發動窮人。

公元一三五一年，元朝政府強徵河南、河北農民十五萬人挖黃河河道，河工挨餓受凍，群情激憤。劉福通派了幾百名教徒當民夫，在工地活動，傳佈「石人一隻眼，挑動黃河天下反」的歌謠，並暗中鑿了個一隻眼睛的石頭人埋在工地。民工挖出後，人心浮動，反抗的烈火頓時燃起。

韓山童、劉福通聚合民眾三千，準備起義。因走漏風聲而遭到地方政府的鎮壓，韓山童戰死，劉福通則率眾衝出重圍，並一舉佔領了潁州。因起義軍頭裹紅巾，故稱「紅巾軍」，又因其燒香聚眾，亦稱「香軍」。紅巾軍所到之處，開倉散米，賑濟貧農，深得人民擁護，群眾紛紛加入，隊伍迅速擴大到幾十萬人。

紅巾軍北伐

劉福通在潁州起義成功後，在紅巾軍的影響下，各地的起義軍紛紛響應。此時，農民起義的燎原大火已經遍佈了大江南北。北方的郭子興佔領濠州（鳳陽），布三王佔領唐、鄧、南陽等地，孟海馬佔領均房、襄陽，南方彭瑩玉和徐壽輝領導的紅巾軍轉戰湖北、湖南、安徽、浙江、江西各地，予以元朝沉重打擊。

此外，方國珍和張士誠各自起兵，割地稱雄。公元一三五五年，劉福通等迎韓山童之子韓林兒至亳州，立為帝，稱小明王，國號大宋，年號龍鳳。公元一三五七年，劉福通兵分三路進行北伐，大舉攻打元朝。他們很快攻佔了大同、上都，佔領了甘肅、寧夏等地，並將小明王遷到汴梁（今河南開封）為都。

但由於紅巾軍各自為戰，甚至互相攻殺，嚴重削弱了戰鬥力，元軍乘機發動了反攻。公元一三六二年，元軍圍困汴梁，劉福通退到安豐，於第二年被張士誠所殺。公元一三六六年，朱元璋派人迎

韓林兒到應天（今南京），但在瓜步（今江蘇六合東南）渡江時沉船，將其淹死。

🐉 大都失陷

元朝的末代皇帝元順帝統治期間，天災人禍頻繁，土地兼併嚴重，老百姓生活在水深火熱之中，最終爆發了大規模的農民起義。大批元軍被各路起義軍擊潰，各地官府陸續被起義軍摧毀，當時群雄並起，全國大部分地區處於割據狀態。

公元一三五一年，劉福通率紅巾軍起義爆發後，元朝統治階級內部卻在為爭權奪利而互相征戰，更加速了元朝滅亡的進程。

從公元一三五六年開始，朱元璋率領的起義軍攻克集慶，改名應天府。之後他連年征戰，消滅各地割據軍閥，不斷擴充自己的勢力，初步控制了江淮地區。然後便開始策劃南征北伐，志在統一天下。公元一三六七年，朱元璋以部下徐達為征虜大將軍，常遇春為征虜副將軍，率二十五萬大軍進行北伐，目標對準元朝的統治中心大都。公元一三六八年初，在北伐節節勝利的情況下，朱元璋在應天稱帝，國號大明，年號洪武。

徐達率軍一路北上，經山東、河南，渡河進入河北，公元一三六八年七月奪取了通州要地，直逼大都，元順帝帶后妃倉皇逃離，大都失陷，元朝滅亡。

明清：

封建社會的
尾聲

　　明清時期是封建社會的最後階段，這一時期國家統一，中央集權達到頂峰，但同時也是科學比較落後、文字獄頻繁發生的一段時期，閉關鎖國政策的實施更是讓「天朝上國」的美夢破裂。

　　元朝末年，社會黑暗，統治殘暴，社會動盪不安、民不聊生，因此，爆發了紅巾軍大起義。朱元璋帶領紅巾軍攻城克地，消滅了陳友諒、張士誠等割據政權，於公元一三六八年在應天稱帝，建立明朝。明朝末年宦官專權，朝政日非，公元一六四四年，李自成率領農民軍攻陷北京，明朝滅亡。隨後的清朝經歷了康乾盛世的空前繁榮之後，便陷入了內有農民起義、外有列強侵略的悲慘境地，連續簽訂了多款喪權辱國的條約。清政府為求生存，展開了一系列轟轟烈烈的洋務運動，然而單純器物上的改良並不能挽救風雨飄搖的清王朝，改朝換代已是大勢所趨。

明朝（公元1368年～公元1644年）

 朱元璋建立明朝

朱元璋（公元一三二八～一三九八年），名重八，又名興宗，字國瑞，亳州鐘離（今安徽鳳陽縣）人。

出身貧農家庭，小時候曾在直覺寺做過和尚，公元一三五二年參加濠州郭子興領導的紅巾軍。郭子興死後，朱元璋統率郭部，任小明王韓林兒的左副元帥。接著以戰功連續升遷，公元一三五六年，諸將奉朱元璋為吳國公，公元一三六四年即吳王位。

朱元璋接受朱升「高築牆，廣積糧，緩稱王」的建議，廣納言路，重用賢才，發展軍隊，不斷壯大自己的勢力，終於打敗了陳友諒、張士誠等割據勢力。

公元一三六七年，朱元璋決意北伐，提出「驅逐胡虜，恢復中華，立綱陳紀，救濟斯民」的口號，命中書右丞相徐達為征虜大將軍、平章常遇春為副將軍，率軍二十五萬，北進中原。徐達率兵勢如破竹，先取山東，再西進，攻下汴梁，朱元璋到汴梁坐鎮指揮。

公元一三六八年，朱元璋在應天府稱帝，國號大明，年號洪武。公元一三六八年正月，北伐軍進佔大都，結束了元朝的統治。

修建長城

明朝推翻了元朝的統治之後，為了防衛蒙古騎兵的南下騷擾，早在洪武二年（公元一三六九年），就修築了從山海關到居庸關的長城。明朝前期對長城的修建，始於洪武元年（公元一三六八年），止於宣德十年（公元一四三五年），歷時六十七年。到了明朝中葉，統治者再次對長城進行了大規模的修築，此次修築始於正統元年（公元一四三六年），止於嘉靖四十五年（公元一五六六年），歷時一百三十年。

這個階段由於明朝政治腐敗、軍備廢弛，已無力組織大規模的反擊，對北方的防禦也逐漸演變成以守為主。到了明朝後期，由於蒙漢實現互市之後的防禦需要，明朝又對長城進行了重建和改建，這次修築從隆慶元年（公元一五六七年）開始，直至崇禎十一年（公元一六三八年），歷時七十餘年，一直沒有間斷過。

明長城東起鴨綠江，西至嘉峪關，全長六千多公里，形成中國北部東西向的堅強防線。明長城高大雄偉，修築的時間最長，品質最為牢靠，建築也最為精美。目前我們所看到的長城主要是明朝建成的部分。

頒行《大明律》

明太祖洪武七年（公元一三七四年）頒佈《大明律》。《大明律》是明朝綜合性法典，前後共頒行二次，其篇目仿《唐律》分為《名例》、《衛禁》、《鬥訟》、《詐偽》、《斷獄》等十二篇，共三十卷，六百零六條。

洪武三十年（公元一三九七年）對此作較大修改，重新頒行，

改為六部官制，分《名例律》、《吏律》、《禮律》、《兵律》、《刑律》、《工律》共三十卷，四百六十六條。《大明律》淵源於《唐律》，包括五刑（笞、杖、徒、流、死）、十惡（謀反、謀大逆、謀叛、惡逆、不道、大不敬、不孝、不睦、不義、內亂）、八議（議親、議故、議功、議賢、議能、議貴、議賓），以及吏律二卷、戶律七卷、禮律二卷、兵律五卷、刑律十一卷、工律二卷。《大明律》是我國封建社會後期的典型法典。

設立錦衣衛

明朝錦衣衛，全名為錦衣親軍都指揮使司，設立於明洪武十五年（公元一三八二年），是皇帝親自指揮的軍事機構。錦衣衛用來侍衛皇帝，監視臣民，鎮壓人民反抗，以加強中央集權統治。他們從事偵察、逮捕、審問等，皇帝特令其掌管刑獄，賦予巡察緝捕之權。

錦衣衛的長官為指揮使，只對皇帝負責。錦衣衛的「詔獄」有不經法司而進行刑訊、判罪和行刑的權力。因此錦衣衛經常會任意逮人，草菅人命，造成了人人自危的恐怖氣氛，成為皇帝專屬的特務機構。

頒行《御制大誥》

明朝建立初期，由於連年戰爭的破壞，社會經濟凋敝，農民反抗封建統治的活動此起彼伏，統治階級內部也存在著激烈的鬥爭。

明太祖朱元璋總結歷代統治者的經驗教訓，提出了一系列的治國方略，又由於在《大明律》頒行之後，官民過犯不僅沒有減少，反而日益增多，明太祖朱元璋認為要嚴懲臣民犯罪，以彌補律文的

不足。於是他命令相關衙門官員，採集官民犯罪的案例，分類編排，解釋律令條文。於洪武十八年（公元一三八五年）編成，朱元璋親自作序，名《御制大誥》，頒行天下，令官民永以為訓。後又於洪武十九年（公元一三八六年）三月編成《大誥續編》，十二月編成《大誥三編》，先後頒行，史稱《三誥》。

《明大誥》是一部由「官民過犯」典型案例和明太祖例令輯錄而成的一部法典，用以嚴刑懲治貪官與豪強，它集中反映了明太祖治亂世用重典的思想，但是因過於嚴酷，在朱元璋死後被廢止。

胡惟庸案

胡惟庸，安徽定遠縣人。早年隨朱元璋起兵，歷任元帥府奏差、知縣、湖廣僉事、太常少卿、太常卿等職。

朱元璋即位後，拜中書省參知政事，公元一三七三年任右丞相。此人精明強幹，善於鑽營，逢迎明太祖，最終官拜丞相。後進至左丞相，位居百官之首。但是隨著權勢的日益增大，胡惟庸的野心也日益膨脹，他結黨營私，行為驕橫跋扈。經常私拆奏章，扣押不利於自己的奏章，還排除異己，陷害忠良，如誘使大將徐達家的守門人福壽謀殺徐達，毒害御史中丞劉基等。

公元一三八〇年，朱元璋以「謀不軌」的罪名迅即捉拿胡惟庸，將其處死。後來明朱元璋又頒佈《昭示奸黨錄》佈告天下，以夥同胡惟庸圖謀不軌之罪名，處死了韓國公李善長、南雄侯趙庸、滎陽侯鄭遇春等功臣，後又誅殺胡惟庸的黨羽，前後共誅殺了三萬餘人，史稱「胡獄」。

隨後，朱元璋吸取教訓，恐宰相權力太大，貽害朝廷，所以改革權力機構，罷黜丞相位，六部直接對皇帝負責，強化了皇帝的權

力，中央集權進一步強化。

藍玉案

藍玉，定遠（今屬安徽）人。他是著名戰將，明朝開國元勳之一，官拜大將軍，封涼國公。

藍玉是開平王常遇春的妻弟，跟隨常遇春南征北戰，先後參加平蜀、北伐、平定雲南等戰役，作戰有勇有謀，屢立戰功。於洪武十四年（公元一三八一年）封永昌侯，公元一三八七年拜為大將軍，屯薊州。

公元一三八八年，藍玉率兵十五萬征討北元，大獲全勝，被封為涼國公。但是藍玉居功自傲，日益驕橫。他蓄養莊奴達數千人，專橫跋扈，並仗勢侵佔民田，還鞭打御史。他北征回師夜經喜峰關，因守關之人未及時開門，竟縱兵毀關而入。他的這些作為，日益引起朱元璋的不滿。

洪武二十六年（公元一三九三年），錦衣衛指揮使告發藍玉謀反，於是朱元璋誅殺藍玉全家。之後景川侯曹震、鶴壽侯張翼等人皆受到株連，藍玉一案，被殺者約兩萬人。此後，明初的開國功臣幾乎都被屠戮殆盡。

改土歸流

改土歸流是指取消土司衙門改由流官直接統治的變革。明朝一開始在西南少數民族地區沿襲元朝的統治方法，在那裡設立各級政府機關，任用當地少數民族首領擔任土司長官。

土司可以世襲，對轄區內的行政有自主權，其實質是「以土官治土民」。但他們必須忠於朝廷，按時向朝廷交納貢賦、調兵從

征，職位的繼承也要得到朝廷的批准。但是在各土司管轄之時，經常會出現爭鬥流血事件，嚴重影響國家的統一、人民安定和社會經濟文化等各方面的發展。

明永樂十一年（公元一四一三年），西南地區的兩個土司長官叛亂，明朝派兵平定後，改設貴州布政使司，朝廷派遣可以隨時撤換的流官擔任官員，從此貴州成為省一級的行政單位。

改土歸流有利於消除土司制度的落後性，同時加強了中央對西南地區的統治。但明朝改土歸流的地區有限，西南絕大部分地區仍然實行土司制度。

推行里甲制

里甲制是明朝戶籍的管理制度。明朝建立後，並沒有立即制定統一的基層組織框架，各地的鄉里組織有的是從元朝延續下來的，也有的是重新組編或創立的。一直到洪武十四年（公元一三八一年），為了對基層組織和生產關係進行適當調整，減少社會中的矛盾衝突和不安定因素。

朝廷下令在全國範圍內推行里甲制度，鄉村社會原有的基層組織基本上都被整合到這個統一的制度框架中。

里甲的編制方法是：每一百一十戶編為一里，由丁糧最多的十戶擔任里長，其餘一百戶則編為十甲，一甲十戶，設甲長一人，十戶輪流擔任。里甲制度是明朝的基層組織形式，也是明朝政府推行黃冊制度的基礎之一。

廢除丞相

明朝初期，沿襲元制，設立中書省，置左、右丞相。中書省為

中央最高行政機構，總攬六部，管轄全國政務，丞相統領百官，指揮諸司，輔佐皇帝，位高權重。朱元璋為了削弱相權，加強君權，曾多次削弱中書省的權力。公元一三八〇年，朱元璋以「謀不軌」的罪名，殺左丞相胡惟庸後，撤銷中書省，廢除丞相制度。使原中書省所轄的吏、戶、禮、兵、刑、工六部直接對皇帝負責，六部尚書實際上成為朝廷的最高行政長官。朱元璋此舉達到了君權和相權的合一，加強了中央集權。

設三法司

　　朱元璋建立明朝後，進一步加強專制主義中央集權，在監察方面，明太祖於公元一三八二年改御史台為都察院，作為中央監察機關。都察院與中央司法機關大理寺、刑部合稱「三法司」。公元一三八四年，為了完善司法審判制度，規定重大案件實行刑部、大理寺、都察院三法司聯合審判，稱為「三司會審」。會審後作出判決，必須經皇帝批准。

　　明代刑部替代大理寺掌管主要的審判業務；大理寺成為審刑機關，主要管理對冤案、錯案的駁正、平反；都察院不僅可以對審判機關進行監督，還擁有「大事奏裁、小事立斷」的權力。「三法司」之間一定程度上體現出了職權分離、相互牽制的特點。

設立國子監

　　國子監為中國古代教育體系中的最高學府，最初在南京設立，稱京師國子學，公元一三八二年改名為國子監。明太祖朱元璋在宋代學規制度的基礎上，為了進一步完善學校管理體制，制定了國子監監規制度。明朝遷都北京後，在北京、南京分別都設有國子監，

於是設在南京的國子監被稱為「南監」或「南雍」，而設在北京的國子監則被稱為「北監」或「北雍」。

明成祖永樂元年（公元一四〇三年），在北京設國子監，置祭酒、司業、監丞、典簿各一員。為使所培養的人才具有較高的素質，為自己的統治服務，在國子監中，設監規制度，對師生的品德、言行、紀律、學習等各方面做了詳盡的規定，從而規範了古代封建教育管理體制。但到明宣宗以後，由於考核體制寬鬆、俸祿降低、賦稅繁重，致使教育品質迅速下降，國子監的教師與監生流失嚴重，監規制度遭到破壞。

靖難之變

朱元璋即位後，為了加強君主專制統治和加強皇室的力量，於是分封諸王，把自己的兒孫分封到全國各地做藩王，隨之藩王勢力日益膨脹。其中燕王朱棣於公元一三八〇年被封在北平（今北京），他多次受命指揮北方軍事活動，並兩次率師北征，日益成為權勢最大的藩王。

明太祖朱元璋死後，因太子朱標早死，朱元璋之孫朱允即位，是為惠帝，也稱建文帝。

為了抑制藩王的勢力，建文帝採取齊泰、黃子澄的建議，推行削藩措施，這嚴重威脅到了藩王的利益。因此，燕王朱棣於建文元年（公元一三九九年）七月以「清君側」的名義，聯合各個藩王舉兵反抗朝廷，隨後由北平揮師南下，號「靖難軍」。朱棣先攻佔了河北的大部分領土，之後揮師南下，直搗南京。公元一四〇二年，朱棣攻破南京，齊泰、黃子澄、方孝孺等人被殺，建文帝不知所終。

朱棣在南京即位為皇帝，是為明成祖，次年改元永樂。靖難之變歷時四年，是明朝統治階級內部爭奪皇位的一場戰爭。

編撰《永樂大典》

《永樂大典》初名《文獻大成》。明永樂元年（公元一四〇三年），明成祖朱棣命解縉、姚廣孝、王景、鄒輯等人主持纂修大型類書，於永樂二年（公元一四〇四年）編成。《永樂大典》全書目錄六十卷，正文二萬二千八百七十七卷，裝成一萬一千零九十五冊。

《永樂大典》以韻為綱，按字、句、篇名、書名分韻收錄。其內容上至先秦，下達明初，內容涉及經、史、子、集、釋莊、道經、戲劇、平話、工技、農藝、醫卜、文學等各方面，無所不包，彙集了古今圖書七八千種，而且收錄入《永樂大典》的圖書均未刪改，是中華民族珍貴的文化遺產，是古代最大的百科全書。

《永樂大典》並未刻板付印，原有正、副本兩部，正本已不知去向。而副本《永樂大典》在清代以後，更因近代戰爭破壞，已殘缺不全。據統計，現有兩百二十一冊嘉靖副本《永樂大典》儲藏於中國國家圖書館。

鄭和下西洋

鄭和（公元一三七一年～一四三三年），原名馬三保，雲南昆陽人。少年時入宮當了太監，在靖難之變中，馬三保在河北鄭州（在今河北任丘北）為燕王朱棣立下戰功，被朱棣賜姓鄭，改名為和，任為內官監太監，官至四品。

明永樂三年（公元一四〇五年）七月十一日，明成祖命鄭和率

領兩百四十多艘海船、兩萬七千四百名船員組成的龐大船隊，遠航尋寶。此後直到公元一四三三年鄭和去世，他一共進行了七次航行，訪問了三十多個在西太平洋和印度洋的國家和地區，加深了中國與東南亞、東非各國的友好關係。

公元一四三三年四月，在最後一次航行中，回程到古里時，鄭和在船上因病去世。

鄭和的航行比西方探險家達伽馬、哥倫布等人早了八十多年，說明當時明朝的航海技術、造船技術都已經達到了很高的水準。

鄭和是我國古代著名的航海家、外交家，他曾到達過爪哇、蘇祿、彭享、蘇門答臘等國家，最遠曾達非洲東岸，紅海、麥加，並有可能到過澳大利亞，為各個國家之間的交流作出了巨大貢獻，影響深遠。

設置內閣

明太祖朱元璋為了進一步加強君主專制權力，先是於公元一三八〇年殺掉丞相胡惟庸，親自接管六部。但皇帝畢竟精力有限，無法處理所有的奏章和政務。於是他選擇幾名文人擔任殿閣大學士，但這些殿閣大學士「特侍左右，備顧問而已」，不能參預機務，而且品級很低，只有五品，以免擅權，還不能算真正意義上的內閣。

明成祖即位後，命官品較低的翰林院編修、檢討等關於午門內的文淵閣當值，參與機務，始稱內閣，但此時的內閣官員權力較小，不置僚屬，不得專制百官，仍然算是皇帝的私人秘書。

永樂中期以後，內閣的職權開始擴大，兼管六部尚書，成為皇帝的最高幕僚和決策機構。而到了明世宗嘉靖年間，權臣嚴嵩任武英殿大學士後，專擅朝政二十餘年，此時，內閣的權力已經與從前

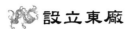

的宰相並無二致。

設立東廠

　　靖難之變後，朱棣即位。一方面，建文帝未死的流言不時出現，另一方面，朝廷中許多大臣對新政權並不十分支持，而朱棣也對大臣多不信任。他覺得設在宮外的錦衣衛使用起來並不是很方便，於是決定建立一個新的特務機構。

　　永樂十八年（公元一四二〇年）底，朱棣為了鎮壓政治上的反對力量，決定設立一個稱為「東緝事廠」的新官署，簡稱「東廠」。並命所寵信的宦官擔任首領，專門刺探官僚、百姓的隱私，緝查謀逆、妖言和大奸惡，其權勢遠在錦衣衛之上。

　　憲宗即位後，為進一步加強特務統治，於成化十三年（公元一四七七年）正月，在東廠之外另設西廠，命宦官汪直掌管，掌管東廠的太監尚銘聽其指揮，錦衣衛千戶吳綬為其爪牙，權勢遠在東廠及錦衣衛之上。

　　到了成化十八年（公元一四八二年），憲宗以東西兩廠不宜並立為由，關閉了西廠。但東廠仍在，廠禍一直未能停息。

明成祖遷都北京

　　朱棣建都南京後，繼續實行削藩的政策，逐步削弱和廢除藩王的兵權。而此時北部邊防薄弱，蒙古的韃靼和瓦剌部不斷南侵。為了加強北部地方的防禦，明成祖於永樂元年（公元一四〇三年）把北平改為北京。

　　公元一四〇六年，明成祖派人徵調三十萬工匠，上百萬民夫和大量士兵，大規模營建北京宮殿，於永樂十九年（公元一四二一

年）營建完工，明成祖正式遷都北京。

遷都後，為了加強對南方人民的統治，保護運河交通線，明成祖將南京作為留都，保留南京原有的政府機構，但南京諸司並無實權。

遷都北京有利於防止蒙古貴族的南下，同時也便於經營東北地區，鞏固邊疆統治。北京從此成為了明朝的政治、經濟、軍事和文化中心。

修建十三陵

明十三陵是明朝遷都北京後十三位皇帝陵墓的皇家陵寢的總稱，自永樂七年（公元一四〇九年）修建「長陵」始，到清順治初年完成「思陵」止，修建十三陵前後延續兩百多年，朝廷甚至還設有管理陵墓修建的大臣，專門負責為皇帝修陵，比如，明代著名的政治家、曾擔任內閣首輔的張居正就曾經主持過修建隆慶皇帝的陵墓。

按陵墓建造的先後順序，其陵墓名稱依次為：長陵、獻陵、景陵、裕陵、茂陵、泰陵、康陵、永陵、昭陵、定陵、慶陵、德陵、思陵。在整個陵區中一共埋葬著十三位皇帝、二十三位皇后、一位貴妃和數十名殉葬宮人。

陵區內還建有妃子墓七座、太監墓一座和行宮、園囿等附屬建築，全部陵區面積達四千公頃。

仁宣之治

永樂二十二年（公元一四二四年）七月，永樂皇帝朱棣在北征途中病逝，把帝位傳給皇太子朱高熾。

朱高熾繼承皇位，定年號為洪熙，是為仁宗。朱高熾繼位之後，實施了一系列息兵養民的政策，如節省國庫開支、減輕全國老百姓負擔，賑濟災民，整頓朝政、提倡法制，清理冤案，等等。仁宗心懷百姓，體恤民生疾苦，稱得上是個明君，可惜他體弱多病，僅僅當了十個月的皇帝便去世了。

公元一四二五年，朱瞻基繼承父位，當上了皇帝，是為宣宗，年號宣德。朱瞻基也像他父親朱高熾一樣，是一個比較清明的皇帝，再加上前面明成祖和明仁宗的治理，到宣宗即位時，社會安定，經濟發展。人們常把他父親仁宗的政績和他聯在一起，合稱為「仁宣之治」。

這段時期是明朝最開明、政治最穩定的一個時期，人們常將它跟漢朝的「文景之治」、唐朝的「貞觀之治」相媲美。

🐉 土木之變

明朝初年，蒙古分裂為兀良哈、韃靼、瓦剌三部，其中瓦剌經過長期發展，勢力增強，其首領也先統一蒙古後，不斷侵犯明朝邊境。

公元一四九九年，也先以明朝減少賞賜為藉口，率領大軍進攻明朝。當時明朝當權的大太監王振不顧朝臣反對，慫恿英宗朱祁鎮御駕親征。英宗命皇弟郕王朱祁鈺留守，親率軍五十萬大軍北征，隨行的還有英國公張輔、兵部尚書鄺野等文武官員一百多名。軍隊到達大同後，王振聽說前線士兵打了敗仗，也先率領騎兵攻來，於是惶恐至極，命令退兵。大軍退至土木堡（今河北懷來縣境內），被也先的騎兵包圍。明軍缺水，導致軍心更加渙散，結果一敗塗地，張輔、鄺野等文臣武將幾乎全部戰死，明英宗被俘，王振被護

衛將軍樊忠殺死，史稱「土木之變」。

此役明軍死亡數十萬人，大量輜重被也先掠奪，也先率兵向北京城逼近。

北京保衛戰

土木之變使得明朝面臨的局勢極其危險。英宗被俘的消息傳到京城，皇宮上下驚慌一片，同時也先率領大軍向北京城逼近，京城大官富戶紛紛南逃。有的大臣也主張朝廷南遷，以避災禍，但是以于謙為主的主戰派力挽狂瀾，堅持認為保衛京師為天下根本，于謙臨危受命，任兵部尚書，調集京師和全國各地的兵力勤王。

于謙提出「社稷為重，君為輕」，和吏部尚書王文等人於九月擁立郕王朱祁鈺即位為景泰帝，遙尊英宗為太上皇。十月，也先率領瓦剌軍到達北京城下西直門外，以英宗相要脅勒索。

于謙分遣諸將列陣迎敵，並親自督戰。十月十三日，于謙與瓦剌軍大戰德勝門外，瓦剌軍大敗，於十一月退出塞外。于謙和主戰派官員領導的京師保衛戰終於取得了勝利，粉碎了瓦剌軍想奪取北京的野心，明王朝轉危為安。

奪門之變

公元一四五〇年，都御史楊善將英宗從也先手中贖回，之後英宗被景泰帝幽禁於紫禁城東華門外的南宮中，由錦衣衛看守。公元一四五七年正月，景泰帝病情加重，不能處理朝政。見景泰帝病危，武清侯石亨、太監曹吉祥和左副都御史徐有貞等人密謀發動政變，擁立英宗復辟。十六日晚上，徐有貞、石亨等帶領軍隊上千人秘密進入長安門，急奔南宮，毀牆破門進入南門，救出英宗，從東

華門進入宮中，告知文武百官說太上皇已復位。

英宗復位後，改元天順。以謀逆罪殺害于謙、王文等人，並迫害于謙所薦之文武官員；對石亨、徐有貞等對復辟有功的人分別加官晉爵；又將景泰帝廢為王，遷於西內。

景泰藍的興起

景泰藍相傳最早是從西亞、中亞、波斯、阿拉伯等地區在元朝時傳入中國，然後在明朝景泰年間（公元一四五〇年～一四五六年）大量發展並中國化。這個時期，工藝的風格特點已經形成，技藝精湛，接近成熟時期。品種有瓶、盤、碗、爐、圓盒、香熏等，後來出現了鼎之類的欣賞品。

景泰年間的景泰藍製品，從故宮等地陳列過的實物來看，工藝得到了更大的發展。這個時期製胎水準已相當高。明代景泰藍的造型大都為器皿，多數為歷代陶瓷及青銅器的傳統造型。其裝飾紋樣以大明蓮為主，也有少數串聯花卉和青銅器紋樣變形的裝飾，其色彩以二藍（湖藍）為主色調，配以少量紅、白、綠、黃等色。

景泰藍工藝成熟於明朝，以其絢麗多彩、富有民族氣息的藝術風格而聞名於世。

王陽明創立心學

王陽明（公元一四七二年～一五二九年），本名王守仁，號陽明，世稱陽明先生，故現在一般稱王陽明。是中國歷史上罕見的全能大儒，他不僅能兵善戰，而且首次創立了「心學」，是主觀唯心主義的集大成者。王陽明少年即有大志，以諸葛亮自喻，學文習武十分刻苦，並酷愛下棋，精通騎、射、兵法。初任兵部主事，因反

對掌權宦官劉瑾，正德元年（公元一五○六年）被謫貶貴州。

劉瑾被誅後又被舉薦朝廷，曾任南贛巡撫。王陽明以文官掌兵符，集文武韜略於一身，上馬治軍，下馬治民，處事智敏，用兵神速，在鎮壓農民起義和平定「宸濠之亂」中立下大功，官拜南京兵部尚書。後因功高遭忌，辭官回鄉講學，在紹興、餘姚一帶創建書院，宣講「心學」。

王陽明秉承並發展南宋陸九淵「心即理」的學說，用以對抗程朱理學，因此二者被合稱為「陸王學派」。王陽明反對程頤、朱熹通過事事物物追求「至理」的「格物致知」方法，他認為心是萬事萬物的根本，世界上的一切都是心的產物。他斷言「夫萬事萬物之理不外於吾心」，「心外無物、心外無事、心外無理」，「天理即是人欲」，認為為學「惟學得其心」，要用這種反求內心的修養方法，達到「萬物一體」的境界。

在知與行的關係上，王守仁反對朱熹的「先知後行」之說，認為那是分裂知與行的理論。他從「天地萬物本吾一體」出發，提倡知行合一，強調要知更要行，是後人重要的精神財富。

弘治中興

公元一四八七年春，憲宗去世，太子朱祐樘在九月繼承皇位，是為明孝宗，第二年改年號為「弘治」。明孝宗繼位時，朝政混亂，國家千瘡百孔。明孝宗勤於政事，兢兢業業，他即位之初，就著手改革弊政，任用賢能，注重內憂外患的治理，抑制官宦，宣導節約，與民休息，並且大力興修水利，發展農業，繁榮經濟。

明孝宗在位期間，吏治清明，是明代歷史上少有的經濟繁榮、人民安居樂業的和平時期，被稱為「弘治中興」。

劉瑾專權

明朝中期以後，皇帝昏庸，出現了宦官專權的局面。王振、汪直都是曾經顯赫一時的宦官。

劉瑾是陝西興平人，本姓談，市井混混出身，六歲時被太監劉順收養。後淨身入宮當太監，遂改姓劉。進宮後，劉瑾善於察言觀色，隨機應變，深受武宗信任。

明正德元年（公元一五〇六年）十月，武宗任劉瑾掌司禮監，司禮監在二十四衙門中權力最大，其主筆太監掌管批紅，易於專權。一旦大權在握，劉瑾便引誘武宗沉溺於驕奢淫逸中，自己趁機專擅朝政，時人稱他為「立皇帝」，武宗為「坐皇帝」。他排斥異己，朝中正直官員大都受他迫害。

劉瑾掌權期間，引焦茅、劉宇等入閣，結成閹黨，把持朝政。他利用權勢，肆意貪污，公然受賄索賄，大搞錢權交易。各地官員朝覲至京，都要向他行賄，謂之「見面禮」。

正德三年（公元一五〇八年）劉瑾又加設特務機構內行廠，並親自掌管。朝中趨附者多呼其「千歲」。正德五年（公元一五一〇年），宦官張永告發劉瑾謀反，劉瑾被捕「入獄」，從其家中查出金銀數百萬兩，並有偽璽、玉帶等違禁物。經會審後，劉瑾被判以凌遲。

大禮議之爭

正德十六年（公元一五二一年）四月，明武宗朱厚照病死。朱厚照無子，其從弟、興獻王朱祐杬之子朱厚熜承襲皇位，為明世宗。

168

世宗即位後的第六天，即下令禮官集議其父興獻王的封號。以首輔楊廷和、禮部尚書毛澄為首的朝臣為維持大宗不絕，認為朱厚熜應過繼給武宗之父，弘治帝朱樘，稱皇考，而以生父朱祐杬為皇叔父。朱厚熜對此表示不滿，要求另議。後來，觀政進士張璁上《正典禮疏》，反駁楊廷和之說，主張繼統不繼嗣，朱厚熜應尊崇所生，為興獻王立廟京師。朱厚熜得疏後，即召見群臣，下令尊己父為興獻皇帝，母為興獻皇后，但被楊廷和等人拒絕。由此開始了以首輔楊廷和等為一方，以皇帝和張璁、桂萼等為另一方的「大禮議之爭」。

大禮議之爭中有兩百多位文武官員被治罪，最後世宗終於追尊其父為皇帝，並按照皇陵的級別重修陵寢。

大禮議之爭前後延續三年多，其中包含了孝宗、武宗系統的顧命大臣與依附於世宗的中下級官吏之間的鬥爭，首開明朝黨爭之先河。

壬寅宮變

明朝嘉靖年間，明世宗嘉靖皇帝朱厚熜生活奢靡，荒淫昏聵，導致朝政混亂，國庫空虛。他非常崇信道教，追求神仙老道之術，到處搜羅方士煉丹，尋求不老之術。在嘉靖皇帝的眼裡，宮女的生命一錢不值，動輒殺頭，甚至連皇后都朝不保夕，嘉靖年間被處罰、殺死的宮女多達兩百餘人。

嘉靖皇帝還聽信道士之言，在民間大量徵召十三四歲以下的宮女，命方士利用她們的處女月信來煉製「元性純紅丹」。為了保持宮女的潔淨，她們不得進食，而只能吃桑、飲露水。因此被徵召的宮女都苦不堪言，以楊金英為首的宮女們決定趁嘉靖帝熟睡之時，

用麻繩勒死他。

結果在慌亂之下，宮女們將麻繩打成死結，嘉靖帝只是昏了過去，並沒有斃命。在這時其中一個膽小的宮女因為害怕，報告給周皇后。周皇后趕到後，將宮女們制服，並下令斬首，而且連當時服侍嘉靖帝的端妃也一併斬首。由於此事發生在嘉靖壬寅年（嘉靖二十一年，公元一五四二年），被稱為「壬寅宮變」。

庚戌之變

嘉靖二十九年（公元一五五○年），蒙古韃靼部首領俺答率兵進犯大同。駐守大同的總兵仇鸞全無軍事才能，面對俺答的進攻，他只得用重金收買俺答，求他不要進攻自己的防區。俺答於是引兵東去，攻佔古北口，揮師長驅直入，進逼京師。

世宗聞訊大驚，宣佈京師戒嚴，並下令集合軍隊準備作戰。但軍隊卻久久集中不起來，世宗只好令文武大臣分守京城九門，同時派人到民間招募義勇，傳檄各鎮兵馬入京勤王。主持軍務的兵部尚書丁汝夔惶急無策，聽了嚴嵩的話，便傳令諸將不要輕舉妄動。

於是眾將官不發一矢，聽任韃靼搶掠。俺答兵在北京城郊搶掠了八天，帶著大量的人畜財物引兵西去。仇鸞佯裝追擊，俺答大搖大擺地率兵由古北口出塞而去。仇鸞殺了幾十個百姓，向世宗報捷。世宗竟對仇鸞大加稱讚，加封他為太保，丁汝夔卻被處死。

因為發生在庚戌年，所以這次俺答入侵被稱為「庚戌之變」。

葡萄牙人佔領澳門

葡萄牙人在與華人交易的過程中，得到了巨額的利潤，巨大的利潤令葡萄牙船商趨之若鶩，但當時的交易仍屬非官方許可的走私

貿易。

公元一五一一年，葡萄牙人佔領麻六甲，並逐漸將觸角延伸到中國南部沿海。他們經常往來於我國沿海地區，進行海盜活動，並炮轟廣州。公元一五一七年，葡萄牙駐印度總督派艦隊護送特使皮瑞茲赴中國廣州及北京，要求正式通商，被明朝政府拒絕。

其間葡萄牙艦隊曾強行登陸九龍半島屯居，遭明朝守軍驅逐。公元一五三五年，葡萄牙人向明朝官吏行賄，取得在澳門停靠碼頭的便利。公元一五五三年，葡人又賄賂廣東海防官員，以貨船遇風浪為藉口，請求在澳門借地曝曬浸水貢物。以每年交納租銀二萬兩為條件，要求上岸搭棚暫住。

從此他們就在這裡不斷擴大居住區，並建造了炮臺和城牆，設置了行政機構，派駐官吏，澳門就這樣落入了葡萄牙人手中。

推行一條鞭法

明朝中後期，皇族權貴透過上請、受獻和直接掠奪等方式，迅速擴充其莊田；官僚地主也透過賜田和購田而佔有了大量的土地。

土地集中，賦役負擔嚴重不均，使廣大失去土地的農民或淪為地主的佃戶，或流亡遷徙，政府所控制的徵糧地因而大大減少，丁銀徵收來源亦趨枯竭。從嘉靖年間起，政府每年都入不敷出。為克服財政困難和政權潛在的危機，賦役改革勢在必行。於是，張居正在清丈土地的基礎上，總結歷來的賦稅改革經驗，提出了「一條鞭法」。

其主要內容是：將賦役以及土貢方物等合成一項，以州縣為單位確定賦役數額。將過去按丁、戶徵派的力役，部分攤入地畝，改為按地丁徵派；賦役一律折算成銀兩徵收，從而取消了力役，改由

政府雇人參加力役；賦役實行官收官解，廢除了過去由里甲催督、糧長收解的做法。

一條鞭法是實行兩稅法以來賦役制度上的又一重大變革，減輕了人民的負擔，增加了政府財政稅收。但是由於改革觸及了官紳地主的經濟利益，阻力較大，在開始時期進展較慢，在張居正死後又逐漸被廢止。

俺答封貢

庚戌之變後，蒙古各部仍舊不斷進犯明朝。山西人趙全於嘉靖年間叛明投降蒙古俺答汗，尊俺答為帝，還經常誘導俺答攻明。

明穆宗隆慶四年（公元一五七〇年）十月，把漢那吉因與祖父俺答汗爭妻，投降明朝。山西宣大總督王崇古奏請朝廷，厚待把漢那吉，認為若俺答索討把漢那吉，就拿趙全交換；要是俺答棄而不求，則加把漢那吉名號，助其自為一部，亦不失為安邊之策。大學士高拱、張居正支持這一建議。俺答妻深恐明朝殺其孫，日夜責備俺答，於是俺答擁十萬大兵抵達明朝邊界，索討把漢那吉。

王崇古派人告以把漢那吉現況，要求縛送趙全等。俺答於是遣使來朝，請封為王，並請互市，不再擾明。十二月，趙全被解到明朝，把漢那吉則遣返蒙古。俺答迎還其孫，祖孫重歸於好。又派人到明朝致謝，表示「願世為外臣，貢方物」。

隆慶五年（公元一五七一年），明廷封俺答為順義王，並允許通貢互市，歷史上稱之為「俺答封貢」。

戚繼光抗倭

戚繼光（公元一五二八年～一五八七年），字元敬，號南塘，

山東蓬萊人。嘉靖三十九年（公元一五六〇年）三月，戚繼光由浙江都司參將調任獨鎮一方的分守台（州）、金（華）、嚴（州）等處地方參將。

當時，日本經常會有一些沒落武士在中國沿海搶劫騷擾，史稱倭寇，政府一方面實施禁海政策，一方面組織加強防禦。

嘉靖三十四年（公元一五五五年），戚繼光調到浙江，任參將，積極抗禦倭寇。他鑒於衛所軍有不習戰陣的弱點，親赴俗稱慓悍的義烏招募農民和礦工，組織訓練了一支三千多人的新軍。嘉靖四十年（公元一五六一年）四月，十六艘倭船由象山至奉化西鳳嶺登陸，大舉來犯，戚繼光率軍在龍山大敗倭寇。戚繼光連戰連捷，掃平了浙東的倭寇。次年又率六千精兵援閩，搗破倭寇在橫嶼（今寧德東北）的老巢。

嘉靖四十二年（公元一五六三年），戚繼光再援福建，升總兵官，與劉顯、俞大猷分三路進攻平海衛（興化城東），「斬級二千二百」。次年春，敗倭於仙遊城下，福建倭患遂平。嘉靖四十四年（公元一五六五年），戚繼光又與俞大猷會師，殲滅廣東的倭寇。至此，東南沿海的倭患完全解除。

李時珍著《本草綱目》

李時珍（公元一五一八年～一五九三年），字東璧，晚年自號瀕湖山人，湖北蘄州（今湖北省黃岡市蘄春縣蘄州鎮）人。其父李言聞是當地名醫，李時珍繼承家學，尤其重視本草，並富有實踐精神，肯於向群眾學習。

李時珍三十八歲時，被武昌的楚王召去任王府「奉祠正」，兼管良醫所事務。三年後，又被推薦上京任太醫院判。太醫院是專為

宮廷服務的醫療機構，當時被一些庸醫弄得烏煙瘴氣。李時珍在此只任職了一年，便辭職回鄉。李時珍參考歷代有關醫藥及其學術書籍八百餘種，結合自身經驗和調查研究，歷時二十七年編成《本草綱目》一書。

《本草綱目》共五十二卷，刊於公元一五九〇年。全書共一百九十多萬字，載有藥物一千八百九十二種，收集醫方一萬一千零九十六帖，附精美插圖一千一百六十幅，分為十六部、六十類。是我國明朝藥物學的總結性巨著，在世界藥物學發展史上佔有重要地位，已有多種文字的譯本或節譯本。

援朝戰爭

公元一五九二年（明朝萬曆二十年）四月十四日，日本為了吞併朝鮮，發動了震驚世界的「壬辰倭亂」。豐臣秀吉派兵十餘萬人，攻陷了朝鮮王京（今韓國首爾）、開城、平壤等地。在朝鮮國王的請求下，公元一五九二年，明朝派宋應昌為經略，李如松為東征提督，率四萬大軍援朝抗日。

次年，明軍和朝鮮軍隊一起，大敗日軍，攻克平壤，收復開城、西京等地。公元一五九七年，豐臣秀吉再次派十四萬大軍侵略朝鮮，明朝再次派出邢玠為薊遼總督，麻貴為備倭大將軍，出兵援朝，多次打敗日軍。

公元一五九八年，豐臣秀吉死後，日軍士氣低落，明朝老將鄧子龍和朝鮮將領李舜臣率中朝水師，在釜山南海重創日本海軍，鄧子龍、李舜臣相繼陣亡。長達七年的援朝抗日戰爭，最終以明朝的勝利日本的失敗而告終。

資本主義萌芽

明朝中後期，商品經濟的空前活躍，為手工業提供了更多的原料和市場，從而刺激了手工業的發展，手工業的生產規模越來越大，生產分工越來越細。同時，由於市場的殘酷競爭，也促使手工業生產者不斷產生分化，大多數手工業者貧困破產，喪失了生產資料，不得不和失去土地的農民一樣，成為出賣自己勞動力的雇傭工人。

而少數資金較為雄厚、生產條件較好、技術精良、善於經營的手工業者逐漸富裕起來，進行擴大再生產。蘇州、松江等一些商品經濟高度發達的地方，在紡織、製瓷等少數行業出現了「機戶」。

機戶擁有大量資金和幾台至幾十台機器，開設「機房」，雇傭幾個至幾十個工人，而自己則脫離了勞動，成為早期的資本家。被雇傭的工人稱「機工」，他們是早期的雇傭工人。機戶和機工之間的關係是雇傭和被雇傭的關係，也就是資本主義性質的生產關係。「機房」就是手工工廠，是資本主義萌芽產生的標誌。

國本之爭

國本之爭是指萬曆年間圍繞立太子問題而發生的一場政治鬥爭。明神宗萬曆皇帝的王皇后無子，王恭妃生子朱常洛（即後來的明光宗），鄭貴妃生子朱常洵（即後來的福王）。根據明朝各代立皇太子的一般原則，應當是「有嫡立嫡，無嫡立長」，即嫡長子繼承制。嫡子必須是皇后所生，現在皇后無子，自然應當以長子為尊。因此，多數大臣主張立朱常洛為太子，但皇上寵愛鄭貴妃，因此有意立朱常洵為太子。皇帝和大臣相持不下，冊立太子

一事久拖不決。

神宗對大臣們的干預甚為惱火，作為「報復」，他開始對國家事務採取不聞不問的態度，不上早朝，不批答奏章，不主持祭祀儀式，不出席講筵（大臣向皇帝講課），不任命官員。但是，他對聚斂錢財的事情卻抓得很緊，委派宦官擔任礦監、稅使，搜刮民脂民膏。而且每天都要飲酒，喝得爛醉如泥，醉酒之後還要大撒酒瘋，左右說話稍不留意，就會被他下令責打致死。

因為太子是「天下之本」，所以此事被稱為「爭國本」事件。沸沸揚揚的「國本之爭」持續了近三十年，摻雜著黨派之間複雜的政治鬥爭，很多大臣都被牽連其中，留下的是一個政治混亂的殘局。

🐉 挺擊案

「國本之爭」的事情發生後，長子朱常洛被立為太子，但福王朱常洵和其母親鄭貴妃仍未死心，後來又相繼發生了「挺擊」、「紅丸」、「移宮」三大案。

萬曆四十三年（公元一六一五年）五月，一男子張差突然出現在太子朱常洛居住的慈慶宮門前，將守門太監一棒打倒，衝進門內，直闖太子寢殿，太監們慌忙將他捉住。事情傳開後，很多朝臣都懷疑是鄭貴妃和其兄長鄭國泰策劃的陰謀，企圖借張差之手傷害太子。

後來在審訊中，張差供出給他引路的太臨是龐保、劉成兩人，龐保、劉成都是鄭貴妃手下的太監，再往下查，勢必牽連到鄭貴妃。於是神宗朱翊鈞與太子朱常洛導演了一幕父子雙簧，使得「挺擊」一案也就不了了之。

紅丸案

泰昌元年（公元一六二〇年）八月，明神宗朱翊鈞當了四十八年的皇帝後死去，朱常洛即位，史稱明光宗。

鄭貴妃怕朱常洛會對她報復，連忙想法討好朱常洛。鄭貴妃挑選了八名美貌的女子送給光宗。朱常洛沉溺於女色，身體垮了下來。召內官崔文升開藥治病，之後鴻臚寺丞李可灼自稱有「仙丹」，治得了朱常洛的病。朱常洛一聽說是仙丹，十分歡喜，連忙叫太監召李可灼進宮送藥。明光宗食用李可灼送的兩粒紅丸後，突然暴死，朝中大嘩。

東林黨人指責崔文升是鄭貴妃的心腹，他故意用泄藥，傷了朱常洛的元氣，又指責李可灼結交宦官，妄進紅丸，是導致朱常洛死亡的元兇。最後兩人同時被處死，紅丸案爭執了八年，也沒有能夠追查出結果。

移宮案

乾清宮是內廷的正宮，只有皇帝皇后能夠居住。光宗朱常洛病危時，住在乾清宮，其寵妃李選侍隨住。光宗朱常洛死後，李選侍仍住在乾清宮不走。她把太子朱由校帶在身邊，企圖挾皇太子以自重。群臣對李選侍非常憤慨，紛紛上書，要求她搬出乾清宮。

李選侍仗著自己從小把朱由校帶大，企圖透過他來壓制群臣。群臣齊集慈慶宮外，要求朱由校下詔，令李選侍搬出乾清宮，最終，李選侍只得搬到鸞宮居住，鸞宮是宮女養老的地方。李選侍這一搬，說明她在政治上再也不能有所作為了，移宮案到此才告結束。

東林黨案

東林學派，是中國明代末年思想學術領域出現的一個以講學與議政相結合的著名學術流派。因該學派的創始人顧憲成、高攀龍等學者，在地處江蘇無錫城東隅弓河畔的東林書院講學、讀書，故而得名。

顧憲成，字叔時，號涇陽，又因創辦東林書院而被人尊稱「東林先生」，無錫涇皋里（今錫北鎮）人。萬曆八年（公元一五八〇年）進士，授戶部主事。萬曆十年（公元一五八二年）調任吏部稽勳司主事，官至吏部文選郎中。萬曆二十二年（公元一五九四年），因忤旨被革職還鄉，與弟顧允成和高攀龍等在東林書院講學。他們諷議朝政，裁量人物，一時朝野應和，受到下層官僚的支持，與朝中閹黨勢同水火，形成了一個聲勢浩大的東林黨派。

當時宦官擅權，政治腐化，社會矛盾激化，東林黨人針砭時弊，提出減輕賦役、開放言路、實行改良等意見，遭到了宦官及各種依附勢力的激烈反對。

明末黨爭中，東林黨和齊楚浙黨以爭國本為首，以明末三案為餘波，相互攻訐。

天啟年間，魏忠賢對東林黨人實施了血腥的鎮壓。公元一六二七年，明思宗朱由檢即位後，魏忠賢自縊而死，對東林黨的迫害才宣告停止。

魏忠賢專權

魏忠賢，原名魏四，河間肅寧（今屬河北）人，自幼家境貧寒，後來自施宮刑，改名換姓李進忠，入宮充當太監。後來皇上賜

他復姓，並賜名忠賢。

魏忠賢萬曆朝入宮後，善於逢迎拍馬，取媚後宮，在宮中的地位日益上升。明熹宗上臺後，魏忠賢升任司禮監秉筆太監，得以獨攬朝政，他甚至可以直接批閱奏章和傳佈聖旨，對文武百官有生殺予奪的權力。他與司禮監太監王體乾等人結黨，先後除掉太監魏朝、王安等人，迅速在後宮形成強大的勢力。

他把與東林黨人作對的各派官員都拉到自己一邊。一些逢迎拍馬的官員，稱呼他為「九千歲」。天啟四年（公元一六二四年）四月，東林黨人楊漣因為揭露魏忠賢的罪惡，被魏忠賢逼迫入獄，最後慘死獄中。魏忠賢兼掌東廠大權，他藉中書汪文言被劾一事，大力打擊和迫害東林黨人。

後來同為閹黨的顧秉謙升為首輔，控制了內閣後，魏忠賢更加有恃無恐，變本加厲地鎮壓、打擊異己，當時，從朝廷內閣、六部官員及至四方總督、巡撫，都有魏忠賢的私黨。直到公元一六二七年，朱由檢即位後，朝庭內外重新發起了對魏忠賢的攻擊。朱由檢召魏忠賢入宮，命內侍宣讀嘉興貢生錢嘉徵彈劾魏忠賢的十大罪，並下令將他逮捕法辦。魏忠賢見大勢已去，遂自縊而死。

崇禎二年（公元一六二九年），朱由檢定逆案，盡數驅除魏忠賢黨徒。

宋應星著《天工開物》

宋應星（公元一五八七年～一六六一年），字長庚，江西奉新人。萬曆四十三年（公元一六一五年）中舉。先後出任江西分宜縣教諭（縣學教師）、福建汀州推官、安徽亳州（令亳縣）知州等職。任官期間，留心觀察學習勞動大眾的生產技術，注意搜集與積

累科技資料，並親自參與生產實踐和調查研究。崇禎十年（公元一六三七年），宋應星著成《天工開物》。

《天工開物》共分為三卷，全書根據「貴五穀而賤金玉」的原則，分為乃粒（糧食）、乃服（衣類）、彰施（染料）、粹精（穀物加工）等十八個類目。全書詳細記載了當時幾乎所有的農業、手工業產品的生產技術和生產工藝，並詳細介紹了生產工具的製造和使用方法，是世界上第一部有關農業和手工業生產技術的百科全書，具有極高的社會科學價值。

李自成起義

李自成（一六〇六～一六四五年），原名鴻基，陝西米脂人，自幼家境貧寒，略識文字。明天啟、崇禎年間，朝政黑暗，土地兼併嚴重，陝北連年旱荒，農民紛起暴動。

李自成投奔闖王高迎祥，為八隊闖將，轉戰陝、晉、畿南、豫楚等地。一六三六年七月，高迎祥被俘犧牲，李自成承襲闖王名號。十一月中旬，起義軍經陝南商州突出武關，轉戰河南，農民爭相加入。一六四一年初，下洛陽，殺死明福王朱常洵，開倉濟貧，聲勢迅速擴大。

此後，起義軍三次圍攻開封，明軍主力被消滅，起義軍控制河南全省，部眾近百萬，李自成成為明末農民起義軍的主力。一六四四年正月，起義軍佔領西安後，即正式定國號為大順，改元永昌，並改西安為長安。李自成改名自晟，稱王。同年二月，起義軍兵分兩路進攻北京，三月十八日圍困京師，次日攻入北京。明思宗自縊於煤山（今景山），明朝滅亡。

張獻忠起義

　　張獻忠，字秉忠，號敬軒，陝西省定邊縣郝灘鄉劉渠村（古稱柳樹澗堡）人。明崇禎三年（公元一六三〇年），張獻忠積極回應王嘉胤的反明號召，率米脂十八寨農民起義。王嘉胤死後，張獻忠與李自成等歸附高迎祥，高迎祥稱闖王，張獻忠、李自成號闖將。

　　崇禎十年（公元一六三七年），張獻忠三次入川，圍攻成都，遭明軍總兵官左良玉部隊的進攻，起義部隊嚴重受損。崇禎十六年（公元一六四三年）五月，張獻忠率領農民起義軍攻佔武昌（今屬武漢），把楚定王投入江中，為人民平息了憤怒，張獻忠在武昌稱大西王。之後張獻忠又佔領了四川大部分州縣，於崇禎十七年（公元一六四四年）在成都稱帝，建立大西國，改元大順，設立內閣、六部，並發行大順通寶，開科取士。

　　清代順治三年（公元一六四六年），清軍由陝南入川攻打大西軍，張獻忠於次年撤離成都，北上與清軍作戰，十一月，部隊到達西充縣與鹽亭縣交界處的鳳凰山（今四川南溪縣北）坡時，張獻忠中箭身亡。

 章回小說的發展

　　章回體小說是由宋元時期「講史」話本發展而來。由於「講史」很難在一兩次「說話」中把一段歷史興亡爭戰故事講完，「說書人」就分次連續講述，每次「說話」前用題目向聽眾提示本次主要內容，這就成了章回小說回目的起源。

　　章回小說中經常可看到「話說」、「且說」和「各位看官」字樣，這就是章回體小說與「話本」之間承繼關係的體現。經宋元兩

代長期的積澱，元末明初出現了一批較為成熟的章回體小說，如
《三國志通俗演義》、《水滸傳》等。

到明代中期，章回小說更趨成熟，出現了《西遊記》、《金瓶
梅》等作品。清代，章回小說繼續發展，《紅樓夢》是其藝術高
峰。現在我們較為常見的明清及近代章回體小說，大致有文言體章
回小說，如《三國志通俗演義》；方言體章回小說，如清代韓邦慶
的《海上花列傳》，全文多用吳方言；彈詞體章回小說，如陶貞懷
的《天雨花》；排偶體章回小說，如清代陳球的《燕山外史》等。

荷蘭人佔領臺灣

公元一六〇二年，荷蘭國會批准在東印度成立聯合貿易公司，
賦予它航行和貿易的壟斷權，並有權用國家名義與東方君主宣戰、
媾和訂約以及佔領土地、建築炮臺等。荷蘭人從《馬可波羅遊記》
和一些到過中國的西方人口中得知中國的富有，視中國為不可多得
的「肥肉」。

從公元一六〇一年起，荷蘭人屢次侵入中國粵閩海域，要求與
中國貿易，均遭受中國地方官員的拒絕。公元一六一九年，荷蘭東
印度公司在巴達維亞（今印尼雅加達）建立了永久性的軍事基地。
從此，他們更加頻繁地侵入中國海域，騷擾沿海地方。公元一六二
三年八月，荷蘭人進犯福建沿海，被明福建水師擊敗，退往澎湖，
仍不時在海面騷擾，嚴重危及漳泉沿海的安全。

公元一六二四年七月，明軍出動一萬餘人進擊澎湖，荷蘭人退
往臺灣。荷蘭殖民者在大員海外的一鯤鯓島上建築城堡，名為熱蘭
遮城。公元一六二五年一月，荷蘭指揮官宋克抵台，僅用十五匹棉
布就騙去了臺南一大片土地，建築赤嵌市街。公元一六四二年，荷

軍進攻位於臺北的西班牙殖民軍，將其驅逐出臺灣，從此全島淪為荷蘭殖民者獨佔。

清朝（公元一六一六年～公元一九一二年）

努爾哈赤統一女真

明朝時期，女真族一分為三：建州女真、海西女真和野人女真。三支女真間及其內部各部落間連年廝殺，民不聊生。努爾哈赤出身建州女真的貴族家庭，公元一五八二年，他的父親塔克世與祖父覺昌安被蘇克素護部落首領尼堪外蘭害死。次年五月，年少氣盛的努爾哈赤打著為父報仇的名義，以區區十三副盔甲率兵討伐尼堪外蘭，正式打響了統一女真的戰鬥。努爾哈赤在戰爭中英勇無比、智勇雙全，很快便擊潰並斬殺了尼堪外蘭，聲勢迅速壯大。

此後幾年，努爾哈赤相繼征服哲陳部與完顏部，逐步統一了建州女真，這引起了其他兩支女真的恐慌。公元一五九三年，海西女真葉赫部首領卜寨聯合烏拉、輝發及哈達等九部，分兵三路進攻建州女真。

努爾哈赤聽說九部兵來襲，他集中優勢兵力，各個擊破，大敗聯軍，從而大大削弱了海西女真的勢力，為統一打下了基礎。此後，努爾哈赤憑藉堅強的意志、超人的智慧及卓越的軍事才能，經過二十餘年的艱苦持久戰，相繼消滅了野人女真各部及海西女真殘部，統一了女真各部。

公元一六一八年，努爾哈赤即位稱汗，國號大金，史稱後金，建元天命，建都赫圖阿拉（今遼寧新賓縣），隨後開始了大舉攻打明朝的戰爭。

建立八旗制度

努爾哈赤以祖、父遺留下來的十三副盔甲，統一女真各部後，在隨後幾年的統一戰爭中，一發不可收拾，取得了一個又一個的勝利。隨著他勢力的不斷擴大，人口也與日俱增，迫切需要一套管理各部落的機制。在此情形下，公元一六○一年，努爾哈赤將新招來的人口統一編入自己的隊伍，建立了黃、白、紅、藍四旗，稱為正黃、正白、正紅、正藍，四種旗都是純色。

公元一六一五年，努爾哈赤在原有的正黃、正白、正紅、正藍四旗之外，新增加了鑲黃、鑲白、鑲紅、鑲藍四旗，正式創建了八旗制度。努爾哈赤把後金範圍內的所有人都編入八旗之中。

這樣，八旗都有了自己的區域和旗幟。八旗剛剛建立的時候，八旗子弟既能種田又能打仗，八旗具有軍事、行政和生產等多方面職能。後來，八旗的內容雖有所改變，但八旗制度是伴隨著清王朝的滅亡才走到盡頭的。

薩爾滸之戰

公元一六一八年，後金首領努爾哈赤經過兩年的休養生息後，打著對明朝「七大恨」的旗號，大舉進犯大明疆土，擄掠了明朝邊疆的大批人口與牛羊。明神宗聽到消息後大怒，命令楊鎬討伐努爾哈赤。第二年，楊鎬經過一番精心的佈局與籌備，兵分四路，圍攻後金的首都赫圖阿拉。努爾哈赤探知明軍部署後，採取「管你幾路

來，我只一路去」的作戰方針，集中兵力，準備迎戰。

明朝西路山海關總兵杜松立功心切，孤軍深入，搶佔了薩爾滸。三月，努爾哈赤集中八旗精銳部隊猛攻薩爾滸，大敗明軍，杜松也戰死在沙場上。隨後，努爾哈赤率八旗主力調頭北上，在尚間崖兩面夾擊，痛殲了明北路大軍馬林部。

努爾哈赤擊敗馬林軍後，又立即移兵南下，誘敵深入，在阿布達里崗伏擊明東路劉鋌軍，劉鋌兵敗身亡。這時，坐鎮瀋陽的楊鎬得知三路軍慘敗的消息後，立即下令唯一倖存的南路李如柏軍撤出戰鬥。

至此，這場戰爭以明軍的慘敗而結束。努爾哈赤僅用了五天的時間就殲滅了明軍近五萬人，徹底扭轉了對明朝的攻守格局，同時也加速了明朝的滅亡。

袁崇煥寧遠之戰

公元一六二六年，努爾哈赤親自率領數十萬大軍渡過遼河，向寧遠進發。當時，寧遠僅有守軍一萬餘人，而且孤立無援，但是駐守寧遠的袁崇煥臨危不亂。他咬破手指，寫下抗擊後金的血書，發誓要與後金決一死戰，這一行動也大大鼓舞了士氣。

不久，努爾哈赤領兵打到寧遠城下，雙方展開了激戰。眼看明軍抵擋不住的時候，袁崇煥用事先準備好的紅夷大炮，向敵軍發射。努爾哈赤始料未及，首戰被打得狼狽不堪。

第二天，努爾哈赤集中精銳兵力猛攻寧遠城，袁崇煥親自登上城樓督戰，他命令將士們瞄準目標，向敵軍密集的地方發炮，後金士兵被大炮炸得血肉模糊，就連努爾哈赤也被炸傷。後金士兵被迫撤退，袁崇煥命令將士們一路追殺，取得大勝。

這一戰，袁崇煥共殲滅敵軍一萬七千多人。努爾哈赤受了重傷，他自稱「自二十五歲起兵以來，征討諸處，戰無不捷，攻無不克，惟寧遠一城不下」，不久便一命嗚呼了。

皇太極稱帝

努爾哈赤死後，其子皇太極即汗位，改年號為天聰。他即位後，多次入侵內地，同時為了鞏固和加強自己統治，又打起議和的旗號，進行了一系列的內部改革。皇太極暫時休兵，與民生息，並鼓勵發展農業生產。

此外，為了加強君主專權，他仿照漢制，進行了政治和軍事方面的改革。為了削除三大貝勒對自己的威脅，他將三大貝勒與自己「俱南面坐」的舊制改為自己「南面獨坐」。

又參照明制，增設內三院、六部、都察院和理藩院，逐步取代了八旗旗主的統治權。在軍事方面皇太極將正黃、鑲黃、正藍三旗收歸自己直接帶領，又創立了漢軍八旗和蒙古八旗，使滿洲八旗的地位進一步降低。

經過這些改革後，權力集中於皇太極一人手中，他於公元一六三六年在盛京稱帝，改國號為清，改元崇德，改族名為滿洲。此後皇太極又統一了漠南和漠北蒙古，加緊了對明朝的進攻。

設置理藩院

理藩院初掌蒙古事，隨著清廷全國政權的建立，成為總管蒙古、西藏、新疆等各少數民族地區事務的中央機構。

皇太極在崇德元年（公元一六三六年）設置蒙古衙門，公元一六三八年改稱理藩院，屬禮部。順治元年（公元一六四四年），

改置尚書、侍郎，之後定官制同六部，理藩院尚書也加入議政之列，選滿人擔任尚書和侍郎。雍正元年（公元一七二三年），開始以王、公、大學士等兼領理藩院事，管理蒙古、新疆、西藏等少數民族地區事務。咸豐十年（公元一八六一年）成立總理各國事務衙門以前，理藩院兼辦對俄外交事務。光緒三十三年（公元一九〇七年）九月，改為理藩部，清朝滅亡時廢止。

清統治者透過理藩院實施對各少數民族地區的統治，加強與他們的聯繫。康熙年間，修訂《理藩院則例》，用法規固定了對少數民族地區統治的各項措施。

吳三桂勾結清軍入關

吳三桂是明朝派駐寧遠的總兵。公元一六四四年三月初，李自成率領的農民軍接連攻破大同、真定，逼近北京，崇禎皇帝急忙命令吳三桂前來增援，吳三桂走到半路便聽聞李自成已經攻破北京，於是又撤回關外。期間，李自成多次派人招降吳三桂，吳三桂一直猶豫是否歸降，但後來他聽說愛妾陳圓圓被李自成部將劉宗敏奪去，勃然大怒。他寫信給努爾哈赤的第十四子多爾袞，請求清兵（此時後金已經改國號為清）入關共同攻打起義軍。

李自成得知吳三桂勾結清軍後，親率起義大軍奔赴山海關與吳三桂展開決戰，正當雙方激烈交戰之時，多爾袞率派阿濟格、多鐸率領清軍鐵騎增援吳三桂。李自成拼盡全力，終因寡不敵眾撤回北京，並怒殺了吳家三十餘口人。吳三桂和清軍一路追殺，起義軍傷亡慘重。此戰過後，吳三桂被多爾袞封為平西王。隨後，多爾袞率領大軍一舉攻佔了北京，並很快掃清了起義軍餘部，將首都遷到北京，完成了祖輩多年的夙願，開啟了中國歷史上的清朝時期。

　　吳三桂勾結清軍入關，歷史文人時常譏諷他，正所謂「慟哭六軍俱縞素，衝冠一怒為紅顏」。

定都北京

　　公元一六四四年五月三日，攝政王多爾袞統領大軍進駐北京城。清軍入關後的第一件大事就是遷都問題，在是否遷都的問題上，清朝統治集團內部發生了激烈的爭吵。以多爾袞的哥哥阿濟格為首的反對派認為：一方面清軍入關過快，根基不穩，供給不足，難以長久維持；另一方面，許多清朝官員與士兵留戀故土，不願意遷都。而攝政王多爾袞則堅持要將首都遷到北京，他說要奪取中原就必須將都城定在北京，他從統一中國的全域和戰略高度出發，經過一番周折，終於說服了各個王爺、貝勒和大臣中的反對派。

　　同年七月八日，順治帝在告上帝文中宣佈：接受多爾袞的奏請，正式決定遷都北京。十月一日，順治皇帝在北京舉行了遷都儀式，並昭告天下，同時宣佈繼續沿用「大清」的國號，並規定將北京的百姓和士兵分城居住，八旗子弟和士兵居住在內城，漢民住在外城。

　　清朝遷都北京具有重大的政治和戰略意義，自此，滿清政府正式以北京為首府，開始了長達兩百六十八年的統治。

頒佈圈地令

　　清軍入關並定都北京後，為解決滿洲貴族和官兵的生產生活，於順治元年（公元一六四四年）十二月正式頒佈了圈地令。圈地令規定，京城附近凡是漢人的無主荒地全部圈佔，分給滿洲的各位王公、貴族、貝勒及官兵耕種。

清政府又分別於順治四年（公元一六四七年）和順治八年（公元一六五一年）兩次頒佈圈地令，開始大規模地圈佔京城附近漢人的土地，這種大規模的圈地運動使得很多漢民的良田被佔，他們失去了賴以生存的土地，於是開始流浪，四處奔波，苦不堪言。清政府同時強迫漢族農民到滿洲貴族家中做家丁，充當他們的僕人、丫鬟等等。這使得許多漢民淪為了滿洲八旗的奴僕，由於清政府的高壓政策，老百姓敢怒不敢言。

圈地的多少其實也顯示了滿洲貴族們的權勢和地位的大小，甚至成為一種社會身份的象徵。官職越高、權力越大的人所圈的地也就越多。

圈地運動給漢族人民帶來了極大的痛苦，百姓們的反抗也是此起彼伏，直接危及了清政府的統治。為了緩和滿清政府與漢族人民的衝突，康熙二十四年（公元一六八五年），清政府下令廢除圈地令，並規定以後永遠停止圈地，將所圈土地退還給農民，在一定程度上鞏固了自身的統治。

冊封達賴

達賴喇嘛是西藏宗教領袖的稱號，意為智慧的大海，深受西藏人民的仰慕。在明朝，前四世的達賴只是西藏的宗教領袖，並不執掌政權。直到明朝崇禎十六年（公元一六四三年），五世達賴才取得了政權。從那時起，達賴喇嘛才成為西藏真正意義上宗教和政治上的雙重領袖。

清軍入關以後，為了加強對西藏的統治，曾多次派人前往西藏，請達賴喇嘛進京面聖。順治九年（公元一六五二年）十二月十五日，五世達賴來到北京，參拜順治帝，順治帝舉辦了隆重的歡迎

禮節，並兩次在太和殿宴請五世達賴。

五世達賴返回西藏時，順治帝賜予他大量的金器、彩緞、鞍馬等物品，這就充分表明了清政府承認五世達賴在西藏的政治和宗教地位。第二年，即順治十年（公元一六五三年）四月二十二日，清政府決定正式冊封五世達賴為「達賴喇嘛」。自此，達賴正式得到「達賴喇嘛」的稱號。

史可法抗清

史可法是明朝末年著名的政治家和軍事家。崇禎十七年（公元一六四四年），崇禎皇帝在煤山上吊自殺的消息傳到當時的陪都南京後，南京一片慌亂，隨後成立了南明小朝廷，任命史可法為東閣大學士兼兵部尚書，主持朝政，隨後他被派到揚州督陣，抵擋清軍南下。順治二年（公元一六四五年），豫親王多鐸帶領清軍大舉南下。四月十四日，督鎮史可法從白洋河退到揚州，並寫信催促各處明軍前來救援。然而，當時各路人馬死的死、逃的逃、降的降，揚州實際上已經成為一座孤城。

多鐸到達揚州後，一連派了五個人到揚州城內招降史可法，都被他嚴詞拒絕。多鐸隨即命令清兵日夜輪番攻打城池。揚州軍民在史可法的帶領下奮勇作戰，打退了清兵的一次又一次的進攻。多鐸惱羞成怒，命令清軍用紅夷大炮攻城，終於將城牆轟開了缺口，大批清兵蜂擁而上，眼看揚州即將失守，史可法拔出佩刀就往自己脖子上抹，但被身邊的將士們奮力攔住了。

清軍破城後，史可法被俘，多鐸將他接入自己的帳內並勸他投降，但史可法義正詞嚴地說：「我作為大明臣子，怎麼可以苟且偷生，我已下定決心，城被攻破，我就以死來報效朝廷。」多鐸看拿

他沒有辦法，就在南門處死了他。

 揚州十日

　　順治二年（公元一六四五年）四月，清軍攻破揚州城後，埋伏在城內的軍民到處伏擊清軍，在各個巷子裡與他們展開激戰，致使清軍死傷慘重。豫親王多鐸十分生氣，從四月二十五日下午開始，他命令清軍在揚州城內屠殺手無寸鐵的老百姓。快到晚上時，清軍到處放火，整個揚州城幾乎成了一片火海。第二天，大火燒了一晚上後，清兵拿著大刀見人便殺，並且搶奪財物和婦女，一連幾天，清兵都沒有停止殺戮，屍體堆積如山。直到五月初一，多鐸才下令清兵停止殺人。

　　之後幾天陸續有官吏出來安撫那些躲藏起來倖免於難的老百姓，並發米賑災，由於一連幾天都沒有吃飯，官員發放的米糧很快就被搶空了。一些寺院的僧人開始清理並焚燒屍體，整個揚州城內煙氣熏人，直到五月五日，揚州城內才稍微平靜下來，這就是歷史上的「揚州十日」。

　　由於揚州是當時明朝重要的交通要道，商業十分發達，人口稠密。據估計，在這場大屠殺遇難的人數大概有數十萬人。揚州十日是一次徹頭徹尾的大屠殺，給當時的漢人造成了無法彌補的傷害。

嘉定三屠

　　「嘉定三屠」說的是清朝順治二年（公元一六四五年），清軍攻破當時南明朝的嘉定城後，投降清朝的原明朝將領李成棟三次下令對城中平民進行大屠殺的事件。這場屠殺的導火線是清朝政府強制江南的漢人一律薙髮，並實行「留頭不留髮，留髮不留頭」的野蠻

措施。這一命令嚴重傷害了漢人的民族感情，各地人民紛紛反抗，其中嘉定人民的反抗最為激烈，並爆發了大規模的起義，嘉定總兵吳志葵趕走了清政府派來的縣令，奪取了嘉定。

李成棟得到消息後，率領大軍圍攻嘉定城，嘉定軍民奮起反抗。最終，清軍在紅夷大炮的幫助下，攻下了城池。隨後，損兵折將的李成棟下令屠殺平民，死傷無數，這就是嘉定第一屠。之後，在李成棟離開嘉定的第二天，嘉定人朱瑛又率領民眾控制了嘉定，並組織人民抗擊清朝的壓迫，於是李成棟再次派部將徐元吉進行鎮壓，徐元吉打敗朱瑛後，對兵民進行了殘酷屠殺，嘉定城內頓時一片昏天暗地，這就是嘉定第二屠。再後來，原明軍將領吳之藩義憤反清，不久雖被鎮壓，但這徹底惹惱了李成棟，結果嘉定再次遭到浩劫，清軍又殺死了數萬人，這就是嘉定第三屠。

在兩個月的時間內，嘉定人民自發組織了數十次大小起義，清軍在平定起義後先後三次屠城，致使嘉定城內死傷無數，但是嘉定人民卻譜寫了一曲不畏強敵、奮起抗爭的正氣之歌。

平定三藩

三藩是指平西王吳三桂、平南王尚可喜、靖南王耿精忠三個藩王。其中吳三桂勢力最大，三藩不僅在經濟上是中央政府沉重的負擔，而且威脅到了清朝的統治。

康熙十二年（公元一六七三年）春，康熙皇帝決定撤藩。康熙帝在應付這一事變中表現出了他的雄才大略，他看出主要的叛變者是吳三桂，所以所採取的對策是，堅決打擊吳三桂，決不給予妥協講和的機會，而對其他二藩則大開招撫之門，只要肯降，既往不咎，以此來分化敵人，孤立吳三桂。在這個方針之下，康熙帝把湖

南作為軍事進攻的重點。此外，康熙帝又放手利用漢將漢兵來應付作戰，使其充分發揮作用。

康熙十五年（公元一六七六年），陝西的王輔臣和福建的耿精忠先後投降清朝。次年，廣東的尚之信（尚可喜之子）也投降。吳三桂被局限在湖南很小的地方，外面趕來救援的軍隊漸漸被消滅，其失敗已成定局。康熙十七年（公元一六七八年），吳三桂已起兵六載，於這年三月在衡州稱帝，立國號周，建元昭武。

但吳三桂已陷入絕望境地，後來慢慢憂憤成疾，八月病死。吳三桂一死，其勢力立即土崩瓦解。康熙二十年（公元一六八一年）冬，清軍進入雲貴省城，吳三桂之孫吳世璠自殺。歷時八年、波及十多個省的三藩之亂終於被削平。平定三藩之後，清廷才真正在關內完成了統一，穩定了統治權。

平定準噶爾

明末清初，蒙古族中的一支準噶爾部勢力開始崛起，先後兼併了土爾扈特部及和碩部的牧地。到其首領噶爾丹執政時，又吞併了新疆境內的杜爾伯特和原隸屬於土爾扈特的輝特部，攻佔了南疆維吾爾族聚居的諸城。隨著準噶爾勢力範圍的不斷擴大，噶爾丹分裂割據的野心愈益膨脹。此時，正是沙皇俄國瘋狂向外擴張的時期，為達到侵略中國西北邊疆的目的，他們對噶爾丹進行拉攏利誘，陰謀策動噶爾丹叛亂，並支持他進攻喀爾喀蒙古。

在沙皇俄國的唆使下，公元一六九〇年，噶爾丹起兵攻入漠南，到達了距離北京九百里的烏珠穆沁，這嚴重地威脅到了國家的統一，也給西北邊疆的百姓帶來了災難。於是康熙帝決定武裝平叛，此後自公元一六九〇年到公元一六九七年，康熙帝先後三次親

征噶爾丹，屢敗叛軍，噶爾丹走投無路，只好自殺。自此，清朝將漠北蒙古各部分編為旗，並在科布多、烏里雅蘇台等地派駐了將軍和參贊大臣，加強了對漠北喀爾喀蒙古各部的統治。

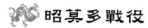 昭莫多戰役

　　昭莫多戰役是發生在康熙第二次征討準噶爾過程中的一次具有決定性意義的戰爭。公元一六九四年，康熙帝約噶爾丹會見，訂立盟約。噶爾丹不但不來，還暗地派人到漠南煽動叛亂，並揚言他已經向沙俄政府借到步槍兵六萬，將大舉進攻清朝。於是，公元一六九六年，康熙帝第二次親征，分三路出擊：黑龍江將軍薩布素從東路進兵；大將軍費揚古率陝西、甘肅的兵，從西路出兵，截擊噶爾丹的後路；康熙帝親自帶中路軍，從獨石口出發，三路大軍約定時期夾攻。

　　昭莫多原是一座大樹林，前面有一片開闊地帶，歷來是漠北的戰場。費揚古按照康熙帝的部署，在小山下的樹林茂密地方設下埋伏，先派先鋒四百人誘戰，邊戰邊退，把叛軍引到預先埋伏的地方，清軍先下馬步戰，聽到號角聲起，就一躍上馬，佔據了山頂。叛軍向山頂進攻，清軍從山頂放箭發槍，展開了一場激戰。費揚古又派出一支人馬在山下襲擊叛軍輜重，前後夾擊。叛軍死的死，降的降，最後，噶爾丹只帶了幾十名騎兵脫逃。

　　經過此役，噶爾丹精銳喪亡殆盡，牲畜財產也所剩無幾，而且其基地伊犁也為策妄阿拉布坦所襲占。阿爾泰山以西諸部、天山南路的回部、青海、哈薩克等地都先後脫離其控制。

四大臣輔政

康熙初年，大臣索尼、蘇克薩哈、遏必隆、鼇拜受命為輔政大臣，輔佐年幼的皇帝玄燁（即康熙），史稱「四輔政時期」。從開始輔政到康熙八年（公元一六六九年）五月玄燁正式親政，共八年零五個月。

四大臣執政之初，基本上遵照事先制定的方針，繼續完成統一中國的戰爭。四輔臣面對百廢待興的局勢，大力恢復和發展生產，安頓流亡的百姓，獎勵墾荒，施行賑濟政策，以恢復農業生產。經過幾年的治理，經濟發展，糧食豐裕，社會秩序趨向安定。但從康熙五年開始，四大臣之間的爭鬥日益激化，其中鼇拜與蘇克薩哈多有齟齬。鼇拜憑戰功卓著，盛氣凌人，同蘇克薩哈商議事情多有不和，積怨成仇。四朝老臣索尼見鼇拜與蘇克薩哈形同水火，卻又沒有能力解決，多次上書請求康熙親政。

遏必隆與鼇拜同旗結黨，凡事皆附和鼇拜，而蘇克薩哈威望不高，勢單力孤而無力抗爭。康熙六年（公元一六六七年）六月，索尼謝世後，鼇拜居於輔政大臣首位。七月，鼇拜即編造了二十四大罪狀，強加給蘇克薩哈，並將他殺害，為其奪權專政掃清了道路。此後鼇拜把持朝政，結黨營私，控制國家各大重要部門，文武百官幾乎都出自他的門下。鼇拜所為嚴重地威脅了皇權，公元一六六九年，康熙親政後，利用聰明才智，擒住鼇拜並送進監獄，遏必隆也被革職鎖拿，同時清洗了鼇拜黨羽，四大臣輔政時期結束。

設置南書房

南書房本是康熙帝讀書處，俗稱南齋，設於康熙十六年（公元

一六七七年），是清代皇帝文學侍從值班之處。清代士人把此地看成是有身份的人才能待的地方，以能進入南書房為榮。康熙帝為了與翰林院詞臣們研討學問，吟詩作畫，在乾清宮西南角特闢房舍，名南書房。

在翰林等官員中，「擇詞臣才品兼優者」入值，稱「南書房行走」。入值者主要陪伴皇帝賦詩撰文，寫字作畫，有時還秉承皇帝的意旨起草詔令。由於南書房「非崇班貴檔、上所親信者不得入」，所以它完全是由皇帝嚴密控制的一個核心機要機構，隨時承旨出詔行令，這使南書房「權勢日崇」。

南書房地位的提高，是康熙帝削弱議政王大臣會議權力，同時將外朝內閣的某些職能移歸內廷，實施高度集權的重要步驟。康熙帝親政以後，朝廷的權力一則受議政王大臣會議的限制；二則內閣在名義上仍是國家最高政務機構，控制著外朝的權力。康熙帝為了把國家大權嚴密地控制在自己手中，決定以南書房為核心，逐步形成權力中心。

雍正朝自軍機處建立後，軍機大事均歸軍機處辦理，南書房官員不再參預機務，其地位有所下降。但由於入值者常能覲見皇帝，因此仍具有一定地位。南書房也被長期保留，直至光緒二十四年（公元一八九八年）撤銷。

鄭成功收復臺灣

鄭成功，福建南安人，明朝平國公鄭芝龍長子。因受南明隆武皇帝倚重，授總統使、招討大將軍，賜姓朱，名成功，人稱「國姓爺」。清兵入關後，鄭成功率領部下堅持抗清。明天啟四年（公元一六二四年），荷蘭殖民主義者侵佔臺灣。

清初，鄭成功下決心趕走侵略軍。順治十八年（公元一六六一年）三月，鄭成功親率兩萬五千名將士，分乘幾百艘戰船，浩浩蕩蕩從金門出發。他們冒著風浪，越過臺灣海峽，在澎湖休整幾天後，準備直取臺灣。荷蘭侵略軍聽說鄭成功要進攻臺灣，十分驚恐。他們把軍隊集中在大員（今台南市安平區）、赤崁（今台南市中西區）兩座城堡（熱蘭遮城、普羅民遮城），還在港口設置障礙阻止鄭成功船隊登岸。鄭軍乘海水漲潮，將船隊駛進鹿耳門內海，派主力從側背進攻普羅民遮城，並切斷了荷蘭軍與熱蘭遮城的聯繫。與此同時，又擊潰了大員的援軍。

赤崁的荷蘭軍在水源被切斷、外援無望的情況下，向鄭成功投降。盤踞熱蘭遮城的荷蘭軍企圖頑抗，鄭成功在該城周圍修築土台，圍困敵軍八個月之後，下令向熱蘭遮城發起強攻。康熙元年（公元一六六二年）初，荷蘭大員長官被迫到鄭成功大營投降。至此，鄭成功從荷蘭侵略者手裡收復了淪陷三十八年的臺灣，並在臺灣移民墾荒，發展生產。

清朝設置臺灣府

公元一六八一年，鄭成功去世，康熙帝打算趁機收復臺灣。康熙二十二年（公元一六八三年），清政府派施琅率戰船三百艘，水師兩萬人進攻臺灣，鄭氏戰敗投降。康熙二十三年（公元一六八四年），清朝在臺灣設立臺灣府，下轄臺灣、鳳山、諸羅三縣，設巡道一員分轄，並派一萬餘名士兵駐守，從而加強了對臺灣的管轄。在設置臺灣府之初，有的大臣建議把島上的居民遷移，認為此地不宜居住。

大臣施琅則極力主張加強對臺灣的控制，因為臺灣地理位置優

越，是兵家必爭之地。加強臺灣的控制對清朝的安定有著重要的意義。於是康熙便採納了施琅的建議，派兵駐守臺灣，加強對臺灣的控制。

光緒十三年（公元一八八七年），清政府決定在臺灣正式建省，改福建巡撫為臺灣巡撫，任命原福建巡撫劉銘傳為第一任臺灣巡撫，下轄三府一州五廳十一縣。

雅克薩自衛反擊戰

雅克薩之戰是康熙年間驅逐盤踞在黑龍江流域雅克薩城的俄軍的自衛反擊戰。順治元年（公元一六四四年），俄羅斯帝國在向西伯利亞擴張得手後，便又將目標轉向黑龍江地區，先後佔領了尼布楚與雅克薩兩城。康熙帝在平定三藩後，即著手解決驅逐沙俄問題。

康熙二十四年（公元一六八五年），康熙帝令彭春、郎談及黑龍江將軍薩布素率領滿、蒙、漢三千多人分批抵達雅克薩。五月中下旬到達城下，要求沙俄督軍托爾布津撤退，但遭到拒絕。五月二十五日，一隊沙俄軍隊企圖衝入城內支援，被林興珠率兵殺傷大半。清軍當晚以炮火攻城，次日郎談又在城下堆放柴火，準備焚城。俄軍大驚，托爾布津只好乞求投降。康熙降旨，讓俄軍撤離。之後，托爾布津得到清軍撤回的消息，又於七月回到雅克薩，重新築城。

康熙二十五年（公元一六八六年）二月，康熙令黑龍江將軍薩布素率軍兩千五百人再攻雅克薩。五月，薩布素與郎談率軍到達城下。俄軍拒不投降，清軍炮轟，同時切斷水源，殲敵百餘名，托爾布津重傷死去。沙俄眼見失敗在即，連忙派人到北京乞求清政府撤

軍。為了和平談判邊界問題，清廷主動撤軍。

沙俄被迫同意清政府主張，答應派使者議定邊界。經過協議，雙方在七月二十四日簽訂了《中俄尼布楚條約》。雅克薩戰的勝利成果，保障了東北邊疆的安定。

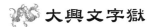
大興文字獄

所謂文字獄，就是因文字的緣故所構成的罪案，是封建社會中沒有民主和言論自由的必然產物，也是專制皇權用以鎮懾官吏、知識份子的重要手段。文字獄歷代都有發生，以清朝最為嚴重。

滿清入主中原後，不甘做亡國奴的有識之士希望恢復明朝，於是寫詩著書，表達亡國之痛的人很多。但由於一開始立足未穩，忙於平定戰亂，清朝對此並未顧及，對漢族士大夫實行的是籠絡利用的政策。但當政權相對穩定之後，清廷就開始致力於消除反清思想和加強文化專制。於是，文字獄也跟著興起。

最早的文字獄是順治四年（公元一六四七年），廣東和尚函可身攜一本記錄抗清志士悲壯事蹟的《變記》，被清兵查獲，嚴刑折磨一年後流放瀋陽。之後文字獄在康熙、雍正、乾隆在位時達到頂峰，《明史》案、《南山集》案、年羹堯案等都是著名的文字獄大案，每次文字獄，常常有成百上千人因受牽連而被殺，賣書、刻印的人一律不能放過。

文字獄甚至達到了荒謬的地步，雍正時期，翰林院庶吉士徐駿只因為寫了「清風不識字，何事亂翻書」的詩句，便被斬立決。文字獄是統治者為了維護統一而興起的，但如此強化對思想意識的控制，不僅迫害了大量無辜的知識份子，而且摧殘了優良的學術文化傳統，給中華民族帶來了不可估量的損失。

🐉 康乾盛世

「康乾盛世」，又稱「康雍乾盛世」，歷經康熙、雍正、乾隆三代皇帝，起於康熙二十年（公元一六八一年）平三藩之亂，止於嘉慶元年（公元一七九六年）川陝楚白蓮教起義爆發，持續時間長達一百一十五年。康乾盛世視為清朝近三百年歷史中最輝煌的時期。

康熙平定三藩，抗擊沙俄侵略，三征噶爾丹，建立起多民族的統一國家，使疆域空前擴大，開創了全新的盛世局面；雍正朝繼其後，繼往開來，廣泛實行「攤丁入畝」稅制，使經濟、人口迅速發展，繼續把盛世推向前進；乾隆朝集前三代人之大成，繼續改進和完善各項制度，使人丁繁多，國家富庶，而且開闢新疆，這時清朝的疆域僅次於元朝，但實際有效控制區域超過了中國歷史上的任何時期，社會經濟繁榮發展，始成「全盛」之局，達到了鼎盛。經康乾百餘年的發展，人口已超過三億，比清初人口最少時增長了五倍，占當時世界人口的五分之二。

但也有人認為，當康乾盛世之時，歐洲爆發了工業革命，生產技術獲得了很大的提高，而清朝此時的政治制度、經濟技術都已經落後於西方，康乾盛世只不過是三位明君透過個人的努力取得的成就，可以說是中國封建社會後期的迴光返照。

🐉 木蘭秋獮

木蘭秋獮又稱木蘭隨圍。所謂「木蘭」，來自滿語，意為「哨鹿」，也就是捕鹿，由於是在每年的七八月份進行，故又稱「秋獮」。康熙二十年（公元一六八一年），為加強對蒙古地方的管理，鞏固北部邊防，清政府在距北京三百五十多公里的蒙古草原建立了

木蘭圍場。以後，每年秋季，清代皇帝都會帶領王公大臣、八旗軍隊，乃至後宮妃嬪、皇族子孫等數萬人到木蘭圍場（在今河北省圍場縣境）巡視習武、行圍狩獵，以視察邊防，鞏固統治。

從康熙四十二年（公元一七〇三年）始，又在承德修建了避暑山莊。之後清代帝王每年夏季都到承德避暑山莊避暑，並在那裡處理朝政，舉行宴會，接見蒙古王公，然後再到木蘭圍場哨鹿。

木蘭秋獮時，往往還要會聚蒙古各部王公。哨鹿之日，皇帝五更時出營，侍衛跟隨。他們口吹木製長哨，模仿鹿求偶之聲，待鹿走近時，則開始圍獵。

木蘭秋獮在康熙時每隔一年舉行一次，公元一七五二年之後，乾隆帝每年舉行一次，達到鼎盛階段。木蘭秋獮有著重要的政治意義，一方面可以彰顯皇族的權威，並以此來威懾大臣。同時還有蒙古各部王公的參與，趁機籠絡王公貴族，使他們甘心臣服於清王朝的統治之下。

修建避暑山莊

承德避暑山莊又名承德離宮或熱河行宮，位於河北省承德市北部，始建於康熙四十二年（公元一七〇三年），歷經康熙、雍正、乾隆三代皇帝，於乾隆五十七年（公元一七九二年）建成。避暑山莊是清代皇帝夏日避暑和處理政務的場所，為中國著名的古代帝王宮苑。為了加強對蒙古地區的管理，鞏固邊防，康熙帝在承德北部地方建立了木蘭圍場，每天都帶領王公大臣、八旗軍隊等到此圍獵，以震懾邊疆，訓練軍隊。

為了解決沿途的吃、住等問題，康熙帝於公元一七〇三年開始在承德修建避暑山莊，他派人開拓湖區、築洲島、修堤岸，隨之營

建宮殿、亭樹和宮牆，使避暑山莊初具規模。乾隆皇帝在位時，又對避暑山莊進行了大規模的擴建和修整。避暑山莊是為了實現安撫、團結中國邊疆少數民族，鞏固國家統一的政治目的而修建的。避暑山莊興建後，清朝皇帝經常要在此處處理軍國、民族、外交大事，有時甚至一待就是半年之久。

由此承德避暑山莊成為北京以外的陪都。避暑山莊規模浩大，景色優美，占地五百六十四萬平方公尺，環繞山莊蜿蜒起伏的宮牆長達萬米，取自然山水之本色，吸收江南塞北之風光，是中國現存最大的古典皇家園林。

一九九四年十二月，避暑山莊及周圍的寺廟被列入世界文化遺產名錄。

設置駐藏大臣

駐藏大臣是中國清代中央政府派駐西藏地方的行政長官，全稱是「欽差駐藏辦事大臣」，又稱「欽命總理西藏事務大臣」，設正副各一員，副職稱「幫辦大臣」。康熙帝平定準噶爾後，只有策妄阿拉布坦統領的準噶爾部繼續活躍在伊犁地區。公元一七一七年，逐漸強大起來的策妄阿拉布坦再次挑起反清叛亂，並率兵攻打青海西藏地區，殺拉藏汗，攻佔拉薩。

公元一七二〇年，康熙帝徵調大軍平定了策妄阿拉布坦的叛亂，統一了西藏青海地區。此前清朝已經先後冊封了「達賴喇嘛」和「班禪額爾德尼」，令他們共同管理西藏。

雍正五年（公元一七二七年），清政府又設置駐藏大臣，和達賴、班禪共同管理西藏。公元一七九三年，清政府又頒佈了《欽定西藏章程》，對駐藏大臣的地位和職權作了明確的規定。規定其地

位與達賴、班禪平等，達賴、班禪轉世，須經「金瓶」抽籤決定，由駐藏大臣監簽，並報清政府批准；西藏的財政開支、稅收、對外交涉等，均由駐藏大臣辦理。從此，駐藏大臣的制度延續了下來，西藏完全置於清政府的管轄之下。

攤丁入畝

「攤丁入畝」是清政府將歷代相沿的丁銀併入田賦徵收的一種賦稅制度，是中國封建社會後期賦役制度的一次重要改革。這一政策源於康熙，並在雍正、乾隆年間普遍實行。康熙時期，由於丁銀負擔過重，農民經常被迫逃亡，甚至發起了反抗丁銀的鬥爭。於是公元一七一二年，清政府宣佈，全國丁銀以上一年的數額為標準，以後添加丁口，不再加收丁銀。

但是這樣仍然不能解決土地兼併帶來的一連串問題。於是公元一七二三年，清政府又開始在全國實行「攤丁入畝」，也叫「地丁制」。其主要方法是將丁銀攤入田賦徵收，廢除了以前的「人頭稅」。「攤丁入畝」是賦稅制度的重大改革，基本廢除了延續兩千多年的人頭稅制度。

這樣，地主的賦稅負擔加重，在一定程度上限制或緩和了土地兼併，而少地農民的負擔則相對減輕。同時，政府也放鬆了對戶籍的控制，農民和手工業者從而可以自由遷徙，出賣勞動力，有利於手工業和商業的發展，調動廣大勞動者的生產積極性，促進社會生產的進步。

改土歸流

「改土歸流」是指改土司制為流官制。土司即原民族的首領，

流官指由中央政府委派的官員。清朝建立以後，對西南地區的壯、苗、瑤等族繼續實行以安撫為主的政策，並沿用前朝的土司制度，即由原來少數民族的上層分子繼續治理這些地區，但是給予他們爵位和俸祿。

隨著社會生產力的不斷發展，土司制度越來越不適應社會的需要，而廣大人民的不斷反抗又動搖了土司制度的統治。與此同時，土司又日益與封建王朝鬧對立，反對封建王朝對其的管轄。於是雍正四年（公元一七二六年），雲南巡撫兼總督鄂爾泰提出實行「改土歸流」，由中央派駐官員代替當地的土司。雍正帝任命他為雲南、貴州、廣西三省總督，負責三省的「改土歸流」事宜。

鄂爾泰採用招撫和鎮壓相結合的策略，大刀闊斧地進行改革。到公元一七三一年，雲南、貴州、廣西三省的「改土歸流」基本完成。「改土歸流」廢除了土司制度，減少了叛亂因素，加強了中央政府對邊疆的統治，有利於少數民族地區社會經濟的發展，對中國多民族國家的統一和經濟文化的發展有著積極意義。

實行「懷柔政策」

「懷柔政策」是清王朝統治者為拉攏蒙、藏上層貴族，加強思想政治統治而採取的一項措施。清朝滅明後，一方面在北方軍事要衝地區，憑藉明長城等加強防守，另一方面鑒於前朝滅亡的教訓，決定不再興築長城。因此，清政府改變統治政策，採取以重視德化及人心向背的「懷柔政策」，拉攏蒙、藏各族的上層王公貴族，利用宗教信仰等思想統治的辦法代替浩大的長城工程。

「懷柔政策」的具體措施包括給予優厚的俸祿、減免徭役賦稅、封以爵位官職、保證他們的世襲權利等。規定他們輪流到北京

或承德覲見皇帝，觀光賜宴，待遇優厚。這一政策特別重視蒙族上層，強調「滿蒙一體」，並以皇室子女和他們通婚聯姻。

又在蒙族、藏族中扶植黃教，尊崇活佛，優待禮遇喇嘛。並在各地大興土木，修建許多喇嘛寺廟，利用宗教進行統治。這些措施的施行，受到朝野上下的擁護，在當時取得了積極的效果。

🐉 大小和卓叛亂

大、小和卓分別是伊斯蘭教白山派和卓瑪罕木特的長子和幼子。公元一七五五年清朝政府出兵平定了新疆準噶爾分裂勢力，攻克伊犁，釋放作為人質而囚禁在伊犁的大和卓、小和卓，並命令他們返回南疆，招撫舊部，統領維吾爾民眾。

大和卓返回葉兒羌（今莎車）統領回部，小和卓留伊犁掌管伊斯蘭教務。公元一七五六年小和卓霍集占從伊犁逃回，參與衛拉特蒙古輝特部首領阿睦爾撒納發動的叛亂。他們號召各城起兵反清，一起集眾數十萬叛亂，舉兵反對清朝政府，並控制了天山南路的大部分地方。

乾隆二十三年（公元一七五八年）二月，清廷命雅爾哈善為靖逆將軍，率滿、漢兵萬餘，自吐魯番進發，進入南疆平叛。由於大小和卓殘酷地壓迫維吾爾族人民，人民不堪其苦，紛紛逃亡，並和清軍合作平叛。在清軍的攻擊下，不久大小和卓兵敗逃亡。

公元一七五九年夏天，大小和卓帶著家屬隨從三四百人逃奔巴達克山（今阿富汗東部），之後被殺。在南疆人民的支持下，清軍終於粉碎了這次叛亂，重新統一了新疆地區。此後，清政府在新疆設置了伊犁將軍，管理包括巴爾喀什湖在內的整個新疆地區，鞏固了對天山南北的統治。

編撰《四庫全書》

乾隆三十七年（公元一七七二年），安徽學政朱筠提出對《永樂大典》進行編撰，得到乾隆皇帝的認可，接著便詔令將所輯佚書與「各省所採及武英殿所有官刻諸書」彙編在一起，取名為《四庫全書》。

《四庫全書》由紀昀和陸錫熊為總纂官。全書分為經、史、子、集四部分，收入了古書三千四百五十七種，共七萬九千零七十卷，裝訂成了三萬六千餘冊。《四庫全書》是古代最大的一部官修書，也是我國最大的一部叢書，保存了豐富的文獻資料。

經史子集的分法是古代圖書分類的主要方法，基本上囊括了古代所有圖書，故稱「全書」。書成之後，共抄錄了七部，分藏於北京、熱河、瀋陽、揚州、鎮江、杭州六地。

今天完整保存下來的還有四部。紀昀等人為了檢索方便，又把書中每一部書的淵源、內容作了詳細的考證，寫成了《四庫全書總目提要》兩百卷，這是一部重要的目錄學著作。《四庫全書》幾乎囊括了清代中期以前傳世的所有經典文獻，是有文字記載以來所存文獻最大的集結與總匯，有著不可替代的地位。

乾隆欽定《二十四史》

三國時期社會上已有「三史」之稱。三史通常是指《史記》、《漢書》、《後漢書》，後來三史加上《三國志》，稱為「前四史」。歷史上還有「十史」之稱，它是記載三國、晉朝、宋、齊、梁、陳、北魏、北齊、北周、隋朝十個王朝的史書的合稱。

後來又出現了「十三代史」。十三代史包括了《史記》、《漢

書》、《後漢書》和十史。到了宋代，在十三史的基礎上，又加入了《南史》、《北史》、《新唐書》、《新五代史》，形成了「十七史」。明代又增以《宋史》、《遼史》、《金史》、《元史》，合稱「二十一史」。

清朝乾隆初年，張廷玉召集組織人編寫的《明史》開始刊行，加上先前各史，總名「二十二史」。後來又增加了《舊唐書》，成為「二十三史」。

後來從《永樂大典》中輯錄出來的《舊五代史》也被列入正史，經乾隆皇帝欽定，合稱「欽定二十四史」。從乾隆四年（公元一七三九年）開始，武英殿刻印的《欽定二十四史》，是古代正史最完整的一次大規模匯刻。

二十四史總共三千兩百四十九卷，約有四千萬字。它從第一部《史記》中的黃帝起，到最後一部《明史》明崇禎十七年（公元一六四四年）止，前後四千多年的歷史，用統一的本紀、列傳的紀傳體編寫。《二十四史》的內容非常豐富，記載了歷代經濟、政治、文化藝術和科學技術等各方面的事蹟。

閉關鎖國

閉關鎖國就是關門自守，不與外界接觸的一種外交政策，是典型的地方保護主義。清朝統治者以天朝上國自居，認為國內「物產豐盈」，不需要外洋貨物，面對西方殖民者日益猖獗的侵擾活動，從國家安全出發，實行閉關鎖國政策，既嚴厲控制外國商人來進行貿易活動，又限制本國商民出海。

清朝初年，為防止鄭成功反攻大陸及大陸上的漢族人民與鄭成功聯繫，清政府於順治十三年（公元一六五六年）厲行海禁。之後

清朝為壟斷和控制對外貿易，於康熙五十九年（公元一七二〇年）指定廣東商人組織「公行」專營對外貿易。凡外商稅項的徵收、貨物的交易，以及外商生活的管理等，均歸「行商」負責。

公元一七五七年，乾隆皇帝一道聖旨從京城傳到沿海各省，下令除廣州一地外，停止廈門、寧波等港口的對外貿易，這就是所謂的「一口通商」政策。這一命令標誌著清政府徹底奉行閉關鎖國的政策，被視為是導致近代中國落後於世界的原因之一。

清朝的閉關鎖國在一定程度上有自我防衛作用，但它限制了和外國進行正當的經濟文化交流，不利於人民接觸外國的先進文化和科學技術，阻礙了國家社會的進步。

土爾扈特部歸國

早在明朝末年，在天山北部的塔爾巴哈台（今新疆塔城）及其以北地區，活躍著一支遊牧部落，他們是明末漠西厄魯特蒙古部落的一支—土爾扈特部。由於受到準噶爾部的欺凌，他們於十七世紀二〇年代向西遷徙，來到額濟勒河（伏爾加河）下游一帶，開始了新的遊牧生活。然而，沙俄勢力向南擴張，土爾扈特部又開始受到沙俄的殘酷奴役壓迫，但他們一直進行英勇的反抗，始終沒有屈服。

清朝建立之後，他們多次納貢，向康熙皇帝表達對祖國的嚮往，康熙帝也派官員進行撫慰。直到乾隆三十五年（公元一七七一年），他們的首領渥巴錫帶領土爾扈特人舉行了反抗沙俄的武裝起義，然後開始踏上返回祖國的艱難歷程。沙俄政府派出軍隊進行圍追堵截，經過多次激烈戰鬥，在歷經八個月的長途跋涉和嚴寒酷暑之後，他們終於在伊犂河畔與清朝派來迎接的軍隊相遇。

此時，出發時的十七萬人僅剩下了七萬人，他們的回歸付出了慘重的代價。回歸後的土爾扈特部受到清朝政府的熱情歡迎和妥善安排，重新開始了安穩的遊牧生活。

 ## 平定大小金川

大小金川是小金沙江上游的兩條支流，位於四川西北部，是藏族定居地區。雍正元年（公元一七二三年），清朝於大金川設金川安撫司，以莎羅奔為大金川土司官，而以舊土司官澤旺居小金川。

乾隆十二年（公元一七四七年）大金川莎羅奔公開叛亂，以土兵攻革布希紮以及明正兩土司。四川巡撫紀山派兵鎮壓，反被莎羅奔所敗。清政府調雲貴總督張廣泗為四川總督，大學士納親督師，增兵再次進剿，也多次失利。乾隆殺張廣泗，將納親賜死，後改用岳鍾琪率兩路大軍，進攻大金川，莎羅奔潰敗乞降。

乾隆中期，大金川土司再次叛亂，不斷侵掠鄰近土司。乾隆三十一年（公元一七六六年），大金川與小金川勾結在一起，聯合攻伐附近的大小土司，清政府派四川總督阿勒泰聯合九土司進攻大小金川。

乾隆三十六年（公元一七七一年），清兵為大小金川士兵所敗。乾隆帝殺了阿勒泰，派大學士溫福督師，以尚書桂林代阿勒泰總督職，再次進剿大小金川。

乾隆三十八年（公元一七七三年），溫福所率清軍接連潰敗，溫福戰死沙場，軍糧被劫。乾隆帝在熱河聞報後，調派精兵增援，授阿桂為定西將軍，並嚴令剿滅叛亂，幾年後，最終平定大小金川。

和珅案

和珅原名善保，字致齋，鈕祜祿氏，滿洲正紅旗二甲喇人。乾隆時期，任戶部侍郎兼軍機大臣，執政二十餘年，歷任吏部、戶部、兵部、理藩院尚書，後晉升文華殿大學士，封一等忠襄公。

和珅精明幹練，善於體察乾隆心意，因此深得皇上寵信，執政期間結黨營私，貪贓枉法，收受賄賂不計其數。其官階之高，管事之廣，兼職之多，權勢之大，史上罕有。

嘉慶四年（公元一七九九年）正月初三，太上皇乾隆帝駕崩。次日，嘉慶帝命和珅與戶部尚書福長安輪流看守殯殿，不得擅自出入，實施軟禁。接著下了一道突兀的聖旨，命令查辦圍剿白蓮教不力者及幕後庇護之人。當天就有大臣領會到皇帝的意圖，於是彈劾和珅的奏章源源不斷送到嘉慶帝手中。嘉慶帝宣佈和珅的二十條大罪，立即下令逮和珅入獄。嘉慶帝本要將和珅凌遲處死，但由於和珅兒媳婦固倫和孝公主的求情，並且參考了董誥、劉墉諸大臣的建議，改為賜和珅獄中自盡。

為避免政壇風波，嘉慶帝宣佈對能棄惡從善的和珅餘黨一律免於追究。經查抄，和珅財產的三分之一，價值兩億兩千三百萬兩白銀，玉器珠寶、西洋奇器無法勝數，因此民間有諺語說：「和珅跌倒，嘉慶吃飽。」

白蓮教起義

指清朝中期爆發於四川、陝西和湖北邊境地區的白蓮教徒武裝反抗政府的事件。

乾隆末年，由於人口增長迅速，土地兼併嚴重，中原各地出現

饑民，紛紛來到有著大量荒地的川楚邊境，白蓮教以「教中所獲資財，悉以均分」、「有患相救，有難相死」的平均思想而受到擁護，影響日大。乾隆六十年（公元一七九五年），湖北各地白蓮教首領約定在次年起義，清政府偵知後，便以邪教為名大量抓捕教民，一時各地地方官以查拿邪教為名，行敲詐勒索之實，這進一步激起了教眾的反抗。

嘉慶元年（公元一七九六年），宜都、枝江一帶的教眾首先起義。三月初十，襄陽王聰兒、姚之富等人起義，成為各支白蓮教軍隊的主力，在湖北、四川、河南、陝西各省游動作戰。幾個月的時間內，義軍就發展到了幾萬人，他們攻城掠地，均分財產，百姓紛紛擁護。清政府急忙派大兵鎮壓。由於各支義軍互不統屬，無法相互呼應，遂被清朝軍隊各個擊破。

嘉慶三年（公元一七九八年），襄陽義軍在湖北鄖西被圍，王聰兒、姚之富跳崖自殺。其他各地的義軍依然在活動，至嘉慶九年（公元一八〇四年），清政府歷時九年，動兵百萬，才將這次起義徹底鎮壓下去。清朝前後投入超過兩億兩白銀，相當於其四年全年收入，國庫為之一空，這是清朝走向衰落的開始。

林則徐虎門銷煙

十九世紀前期，英國為了擴大國外市場，推銷工業品，掠奪原料，把中國作為主要的侵略目標。當時中國的瓷器、茶葉等在英國暢銷，而英國的呢絨、布匹等工業品在中國銷路不好。英國為了改變這種局面，在中國進行可恥的鴉片走私，牟取暴利。

鴉片不斷輸入，白銀大量外流，威脅到了清朝的財政，也加重了人民的負擔。由於吸食鴉片的人越來越多，人們的身心健康受到

嚴重摧殘，官吏更加腐敗，軍隊戰鬥力削弱。人民痛感鴉片危害嚴重，強烈要求禁煙，清朝有遠見的官員也主張嚴禁鴉片。

湖廣總督林則徐上書道光帝，指出鴉片「危害甚巨，法當從嚴」，若放任自流，數十年後「中國幾無可以禦敵之兵，且無可以充餉之銀」。道光帝深受震動，於公元一八三九年春派林則徐為欽差大臣，到廣州禁煙。

林則徐採取強硬措施，迫使英、美鴉片販子交出鴉片。從六月三日到二十五日，共歷時二十三天，林則徐下令將繳獲的全部鴉片在虎門海灘當眾銷毀。虎門銷煙，是中國禁煙運動的重大勝利，它打擊了外國侵略者的氣焰，表明了中國人民維護民族尊嚴的決心。

鴉片戰爭

林則徐的禁煙運動損害了英國的利益，英國殖民者於公元一八四〇年發動了侵略中國的第一次鴉片戰爭。一八四〇年六月，英國艦隊封鎖珠江口，進行武裝挑釁，鴉片戰爭爆發。林則徐在廣州防守嚴密，英軍無機可乘，就按預定計劃移師北上，直逼天津，威脅北京。

清軍在英國的堅船利炮面前不堪一擊，很快敗下陣來，並將林則徐革職查辦。公元一八四二年八月，英艦侵入到南京江面，清政府派代表耆英、伊里布在泊於南京下關江面的英軍旗艦康華麗號上，與英國簽署了《中英南京條約》。

《南京條約》是中國近代史上與外國簽訂的第一個不平等條約，其主要內容有：開放廣州、福州、廈門、寧波、上海等五處通商口岸，允許英人在五地貿易通商；割讓香港給英國；賠償英國兩千一百萬銀元；規定在廣州等五口通商地區，中國海關如要增減進

出口貨物稅率，須經雙方同意。《南京條約》簽訂後，西方列強趁火打劫，相繼強迫清政府簽訂了一系列不平等條約。

從此，中國開始淪為半殖民地半封建社會，中華民族開始了一百多年屈辱、苦難、探索、鬥爭的歷程。

三元里人民抗英

在鴉片戰爭中，廣大的愛國官兵進行了英勇的抵抗，湧現出了關天培、陳化成等英雄人物。東南沿海地區的群眾也紛紛奮起抗英，其中規模最大的是三元里人民的抗英運動。公元一八四一年五月，英軍在廣州泥城登陸，攻佔廣州城北各炮臺，並逼迫清政府訂立了屈辱的《廣州和約》。

之後，英軍四處燒殺搶掠，激起了廣州人民的極大憤怒。五月三十日，一群英軍到廣州城北三元里搶劫、行兇，當地群眾奮起反抗。三元里附近的數千名農民組成「平英團」，圍攻英軍佔據的四方炮臺，打死打傷英軍數十名。第二天，英軍以廢除《廣州和約》和攻城相威脅，奕山嚇壞了，馬上派知府余葆純帶領南海縣令和番禺縣令前往解圍，英軍這才得以脫險。

在三元里人民抗英鬥爭的直接影響下，廣州人民掀起了燒洋館、反租地、反入城等一系列鬥爭，從此，民間流傳著「官怕洋鬼，洋鬼怕百姓」的歌謠。它真實反映了清政府的腐敗無能和人民的憤概。

吳淞之戰

公元一八四二年六月，英艦分批駛入沿江，抵達長江口，向吳淞進犯。兩江總督牛鑒企圖向英軍求和，江南提督陳化成堅決反

對。未等敵艦全部泊定，陳化成親自指揮西炮臺最先開炮擊敵，他與將士同甘共苦，誓死禦敵。炮戰自清晨至中午，陳化成一直揮旗發炮，與敵軍對擊。

戰鬥空前激烈，英軍旗艦「康華麗」號及其他各艦被擊中多次，死傷二十餘人。但此時防守小沙背的王志元按兵不動，守東炮臺的崔吉瑞則作壁上觀，不發炮。而牛鑒見炮戰初勝，企圖搶功，竟大擺儀仗，耀武揚威，前來觀戰。英軍發現後，一陣炮轟，牛鑒十分驚恐，急令陳化成退兵，陳化成不從，牛鑒倉皇逃跑。英艦炮火合力轟擊西炮臺，陳化成帶領親兵數十人堅守陣地。他親自操炮發射，連發數十炮，手被震傷，血流至腿，還堅持指揮抬槍隊、鳥槍隊，向登岸侵略軍射擊。

登陸英軍大隊蜂擁而至，背腹受敵的情況下，陳化成和所部官兵八十餘人全部壯烈犧牲。西炮臺失守後，東炮臺守軍潰散，英軍相繼佔領寶山、上海，打開了長江門戶。但這次戰鬥擊毀敵艦多艘，殲敵數百人，給英軍以重創，而陳化成為國捐軀，永垂史冊。

魏源著《海國圖志》

魏源（公元一七九四年～一八五七年）名遠達，字默深，湖南邵陽人，近代啟蒙思想家。道光進士，官至知州，學識淵博，著述很多，《海國圖志》是其中有較大影響的一部，也是他作為地理學家的代表作。鴉片戰爭之後，許多清朝人看到英國的先進技術，認識到落後就要挨打。於是他們紛紛主張向西方學習先進技術，林則徐和魏源等人提出了「師夷長技以制夷」的思想，認為要通過學習西方的先進軍事技術尋求禦侮強國之道。

魏源是明確提出向西方學習的第一人，他以林則徐主持編譯的

《四洲志》為基礎，於道光二十二年（公元一八四二年）編成《海國圖志》五十卷本，道光二十七年（公元一八四七年）擴充為六十卷本，次年徐繼畬的《瀛環志略》問世，魏源參考該書和其他資料，於咸豐二年（公元一八五二年）增補為一百卷本。《海國圖志》內容豐富，記述了世界各國的地理、歷史、經濟、政治、軍事和科學技術等情況，並附有世界地圖、各大洲地圖和分國地圖等，對強國禦侮、匡正時弊，振興國脈之路作了探索。

此書旨在喚起國人，興利除弊，增強國力，抵抗外來侵略。它與《瀛環志略》是中國學者編寫最早的兩部世界地理著作。

太平天國運動

太平天國運動是咸豐元年（公元一八五一年）到同治三年（公元一八六四年），洪秀全等領導的反對清朝封建統治和外國資本主義侵略的農民起義戰爭。

鴉片戰爭後，清政府將大筆軍費和巨額賠款，全部轉嫁給勞動人民，導致階級矛盾激化。再加上廣西、廣東等許多地區水旱災害不斷，廣大農民家破人亡，陷入絕境。

公元一八五一年，洪秀全領導拜上帝會的成員在廣西桂平金田村起義，宣佈國號為「太平天國」，正式舉事，討伐清廷，後洪秀全宣佈登基，稱天王。

公元一八五三年，太平軍攻佔南京，改名天京，定都於此，並在永安封王建制。此後，太平天國進行北伐、西征、東征，逐漸進入強盛時期。公元一八五六年，領導集體內部發生了自相殘殺的「天京事變」，太平天國元氣大傷，清軍趁機全面反攻。

洪秀全啟用陳玉成、李秀成等青年將領，取得一些成就，但大

廈將倒，一木難支。公元一八六三年，曾國藩率領湘軍圍困天京，公元一八六四年天京陷落，轟轟烈烈的太平天國運動失敗。太平天國運動是中國歷史上規模最大的農民起義，雖然失敗了，但沉重地打擊了腐朽的晚清王朝。

曾國藩操練湘軍

太平天國運動的攻城掠地，使清廷深感綠營和八旗兵已不足用，便令各省舉辦團練，以助「攻剿」。禮部右侍郎曾國藩認為團練也不可靠，決定組建一種新的軍隊，這就是「湘軍」。

湘軍大體上仿照明朝戚繼光的營制，以營為基本單位，直接受「大帥」統轄（後增設統領，各統率若干營）。此外，湘軍還設有營務處和糧台，分別管理全軍的軍務與後勤。針對綠營兵的流弊，曾國藩在組建湘軍時採取了某些改革措施：一是薪餉較高，並專配民工，自帶帳篷，以利於加強訓練和作戰；二是實行募兵制，採用自上而下的辦法，首先選定統領，然後由統領挑選營官，依此類推，一一挑選以便相互熟悉和層層控制。

曾國藩還強調「嚴刑峻法」，並建立嚴密的稽查制度，以嚴明軍紀，同時，向兵士灌輸忠勇奮發、盡忠報效、絕對服從長官等思想，鼓勵湘軍士卒大肆屠殺起義人民，為封建統治階級賣命。湘軍是清朝後期對抗太平天國的主要力量。這支實際上只聽命於曾國藩的私人武裝，開創了近代軍閥擁兵自重的先例，表明清王朝已經衰朽到難以維護其統一軍權的地步。

頒佈《天朝田畝制度》

咸豐三年（公元一八五三年），太平天國定都天京（今南京）

後，頒佈《天朝田畝制度》。《天朝田畝制度》以改革土地制度、解決土地問題為中心內容，其指導思想是：「有田同耕，有飯同食，有衣同穿，有錢同使，無處不均勻，無人不飽暖。」在社會物資的分配和消費上，《天朝田畝制度》主張「人人不受私，物物歸上主」，「天下大家，處處平均，人人飽暖」。

在社會組織上，《天朝田畝制度》主張依照太平軍的建制建立生產、軍事、行政、宗教合一的社會組織，要求把分散的農戶組織起來，以五戶為一伍，五伍為一兩，四兩為一卒，五卒為一旅，五旅為一師，五師為一軍，一軍合一萬三千一百五十六戶。

《天朝田畝制度》較有系統地表達了太平天國的政治、經濟和社會生活要求，把以往農民起義提出的「均田」、「分地」思想發展到了前所未有的水準，體現了農民階級對土地的強烈渴望。但是，由於它要求廢除一切財產私有，排斥一切社會分工和商品經濟，實行絕對平均主義，因而只能是不切實際的幻想。它只是在頒佈初期，由太平天國中央透過政權力量在南京地區實施。

天京事變

「天京事變」發生於公元一八五六年，是太平天國領導集團的嚴重內訌，又稱「楊韋之亂」。太平天國定都天京之後，天王洪秀全夢想集大權於一身，東王楊秀清則居功自傲，挾制天王。公元一八五六年六月，太平軍摧垮清軍江南大營，天京城圍暫解。

楊秀清公然逼迫洪秀全親至東王府封其為「萬歲」。洪秀全假意答應，並秘密召集韋昌輝、石達開回京「勤王」。九月一日深夜，韋昌輝、秦日綱領兵趕回天京。翌晨包圍東王府，殺楊秀清及其家屬。而韋昌輝故意擴大事態，殘殺楊秀清部屬和群眾二萬餘

人，旋即總攬軍政大權，專權跋扈更甚於東王。不久，翼王石達開自武昌前線返回天京，目睹天京慘景，怒不可遏，斥責韋昌輝濫殺無辜。

韋昌輝為獨攬大權，又動殺機，石達開聞訊後連夜出逃，在安慶起兵討韋，「以肅清君側」。由於石達開大兵壓境和朝內群起反韋，加上韋昌輝舉兵圍攻天王府，妄圖加害天王，奪取太平天國最高領導權，洪秀全下詔誅殺韋昌輝。

韋昌輝伏誅後，石達開回到天京，奉詔總理政務。但洪秀全對石達開疑忌重重，「不授以兵事」，並以洪仁發、洪仁達牽制石達開。公元一八五七年六月，石達開負氣出走。

天京事變是太平天國由盛變衰的轉捩點，是太平天國失敗的前兆。

清政府設立洋槍隊

「洋槍隊」，又稱「常勝軍」。十九世紀中葉，當太平天國運動的風暴席捲而來時，當地的清政府官員為了維持自己的私利，同外國侵略者聯手，在上海創建了洋槍隊。由於當時在上海租界裡，西方人的利益和清政府官員的利益是互為依存的。

當時任上海道台的吳煦公開請求英、法公使一起保衛上海，共同打擊太平軍，英、法兩國公使立即答應下來。當時的英國領事還給上海道台寫了一封信，表明他們保護上海同時也是保護他們自己的利益。這樣，在外國侵略者的支持下，清政府委任於公元一八六一年重返上海的英國人華爾組建洋槍隊。洋槍隊的成員以華人為主，並由華爾進行訓練，來打擊太平軍。此後，上海道台楊坊竟然還把女兒嫁給了華爾，這充分說明了他們對西方入侵者的依賴。

華爾死後，由英國軍官戈登繼續統領洋槍隊。洋槍隊成為清政府「借洋兵助剿」的產物，洋槍隊組建後，經歷了數次大的戰鬥，對於鎮壓太平軍起義發揮了重要作用。

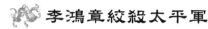 李鴻章絞殺太平軍

李鴻章是晚清政壇上舉足輕重的人物，可以說他的命運與早期鎮壓太平天國運動是密切相關的。咸豐三年（1853年）初，當得知太平軍攻入安徽後，李鴻章回到老家安徽舉辦團練。兩年後，他率領團練軍收復了被太平軍攻佔的廬州，之後又連續收復了幾個地方，逐漸引起了清政府的重視。

同治元年（公元一八六二年）二月，他一手創辦起淮軍。同年十一月，當時常熟的太平軍守將駱國忠投降。李鴻章抓住時機，帶領淮軍，經過與前來平叛的太平軍反覆激戰，最終攻下了常熟、太倉、昆山等地。此後幾年，李鴻章取得節節勝利，相繼收復了蘇州、常州等地。

到公元一八六四年，蘇南地區的太平軍基本被肅清。當時，曾國藩率領的湘軍久攻不下天京，清政府命令李鴻章前往增援。五月十三日，李鴻章派部將劉士奇炮隊及劉銘傳、潘鼎新、周盛波等二十七營圍攻天京，終於攻破。

至此，轟轟烈烈的太平天國運動被李鴻章給鎮壓了，李鴻章也憑藉這一點，走上了晚清政壇。

亞羅號事件

公元一八五六年十月八日，英國侵略者製造「亞羅號事件」，為發動新的侵華戰爭製造藉口。公元一八五三年，英美等國掀起的

「修約」交涉未能得逞，因此蓄謀再次進行侵略戰爭。十月初，一艘一百噸的清朝商船「亞羅號」自廈門開往廣州，停泊黃浦。

船上水手和船主蘇亞成都是清朝人，該船曾被海盜奪去，為了方便於走私，該船曾在香港英國政府領過登記證。十月八日，廣東水師船抓走窩藏在船上的兩名海盜和十名有嫌疑的水手。不料英國駐廣州領事巴夏禮卻藉口該船曾在香港註冊，領有執照，硬說是英國船，甚至捏造說清朝水師曾扯下船上英國旗，侮辱了英國，無理要求兩廣總督葉名琛立即釋放被捕人犯，向英道歉。

但是當葉名琛把十二人全部送還時，巴夏禮以禮貌不周為藉口，仍然拒收，連葉名琛送去的信件也拒絕拆閱。二十三日，英駐清海軍悍然向廣州發動進攻，攻打廣州炮臺，第二次鴉片戰爭爆發。「亞羅號事件」成為了英國政府蓄意挑起侵華戰爭的藉口，並成為了第二次鴉片戰爭的導火線。

馬神父事件

「馬神父事件」，又稱「西林教案」。公元一八五三年，法國天主教神父馬賴非法潛入非通商口岸的內地——廣西西林縣傳教，他吸收地痞流氓入教，勾結當地官府和土豪，欺壓人民，強姦婦女，無惡不作。並縱容包庇教徒在鄉間起釁，他們作惡多端，激起當地人民極大憤慨。

公元一八五六年二月，新任西林知縣張鳴鳳根據村民控呈，調查核實後，將馬賴及不法教徒共二十六人逮捕歸案，依法判處馬賴及不法教徒兩人死刑，其餘分別論罪處罰。

法國皇帝拿破崙三世（即路易波拿巴）及其政府，為了進一步取得天主教的支持，鞏固軍事獨裁及擴大資產階級的海外權益，於

221

是抓住這個事件，挑起侵華戰爭。法國派葛羅為全權專使，以「馬神父事件」為藉口，與英國聯合出兵，發動了第二次鴉片戰爭。

第二次鴉片戰爭

公元一八五一年太平天國革命爆發後，列強各國認為這是加緊侵略清朝的極好時機，英、法、美三國在公元一八五四年和一八五六年兩次提出修約要求，俄國也會同回應，但沒有得到清政府的同意。一八五六年十月，英、法兩國以「亞羅號事件」和「馬神父事件」作為藉口，發動了侵華戰爭，史稱第二次鴉片戰爭。

公元一八五七年，英法聯軍攻陷廣州。公元一八五八年，英法聯軍又在美俄兩國的支持下，攻陷大沽口炮臺，進犯天津。清政府被迫與英、法、美、俄四國分別簽訂了《天津條約》。但侵略者們並未停止步伐，而是繼續佔領天津，並於公元一八六〇年攻入北京。

咸豐帝和慈禧太后逃往承德，英法聯軍所到之處，燒殺搶掠，無惡不作。公元一八六〇年十月，英法聯軍在北京洗劫和燒毀了融匯中外建築藝術精華的萬園之園——圓明園。

清政府派恭親王奕訢主持議和，和英法分別簽訂了《北京條約》，支付巨額賠款，並喪失了大量土地。公元一八六〇年十月下旬，第二次鴉片戰爭結束，清政府的腐敗無能，使國家喪失了更多的主權和領土。

英法聯軍攻陷北京

公元一八五七年，英法聯軍兵臨天津，並以威脅北京為藉口，強迫清政府簽訂了喪權辱國的《天津條約》。公元一八五九年他們

再度聯合入侵清朝，並以前往北京更換條約為由，在大沽與清軍發生炮戰，受到清軍將士的頑強抵抗後撤退。公元一八六〇年，他們整裝後又大舉向天津進發，再度任命額爾金和葛羅為全權專使，並任克靈頓和孟托班為兩國侵華軍總司令，率領英軍一萬八千餘人，法軍七千餘人，英艦七十三艘，法艦三十二艘，集結在天津外海，直接威脅北京。

八月二十四日，英法聯軍佔領了天津城。八月三十一日，咸豐帝急忙派大學士桂良為欽差大臣到天津向英法聯軍談判求和。九月七日，當談判破裂後，聯軍決定進犯北京。清軍將士在八里河奮力阻擊敵人，他們奮不顧身，齊聲大呼殺敵。但是由於火槍裝備有限，僅靠長矛、弓箭和一腔熱血迎擊敵人，難以抵擋英法聯軍的大炮槍枝，最終以失敗告終。

咸豐帝在八里河之戰的第二天便倉皇逃離北京，更使得北京城完全陷入一片恐慌之中。英法聯軍於十月十三日佔領北京，他們燒殺搶掠，無惡不作，犯下了滔天罪行。

火燒圓明園

圓明園是中國最大的皇家園林，從公元一七〇九年開始興建，清政府花費了巨大的財力物力去興建，號稱萬園之園。咸豐十年（公元一八六〇年），英法聯軍攻佔北京後，於十月六日佔據圓明園。

法國侵略軍首先闖入圓明園，他們見物就搶，空手而進，滿載而歸。英國侵略軍雖然來遲了一步，但金銀財寶、文物寶藏也裝滿口袋。英法侵略軍把圓明園搶劫一空之後，為了讓清政府簽《中法北京條約》和《中英北京條約》，英國全權大臣額爾金在英國首相

帕麥斯頓的支持下，竟下令燒毀圓明園。

　　大火連燒了三晝夜，這座世界名園化為一片焦土。這場浩劫，正如法國著名作家雨果所描繪和抨擊的那樣：有一天，兩個強盜闖進了夏宮，一個進行搶劫，另一個放火焚燒。他們高高興興地回到了歐洲，這兩個強盜，一個叫法蘭西，一個叫英吉利。他們共同「分享」了圓明園這座東方寶庫，還認為自己取得了一場偉大的勝利。

《北京條約》的簽訂

　　公元一八六〇年九月二十一日，八里橋失守、英法聯軍進逼北京的消息傳來後，清廷極為震驚。咸豐帝走投無路，遂於當天立即下令以載垣、穆蔭辦理和局不善，撤去欽差大臣職務，另派他的六弟恭親王奕訢為全權大臣繼續求和，自己則倉皇逃往承德避暑山莊。留守京城的王公大臣們，完全喪失了抵抗的信心，根本不進行抗擊準備。

　　恭親王奕訢只有屈膝求和，他照會英、法公使，要求停戰談判。英法聯軍攻入北京，進行了一番燒殺搶掠之後，英、法公使照會恭親王奕訢，要求簽字換約，並藉口俘虜問題，要求賠償英國白銀三十萬兩，法國二十萬兩，限期付款。奕訢全部答應。之後聯軍再次闖進圓明園，在洗劫一空後縱大火焚燒。

　　奕訢在英、法的武力威脅和沙俄的誘逼下，簽訂了《北京條約》。十月二十四日，清欽差大臣奕訢與英國全權代表額爾金在北京禮部大堂，交換了中英《天津條約》，簽訂了中英《北京條約》。十月二十五日，清欽差大臣奕訢與法國全權代表葛羅在北京禮部大堂，交換了《天津條約》，並簽訂了中法《北京條約》。

辛酉政變

咸豐十一年（公元一八六一年），咸豐臨死前，立六歲的兒子載淳為皇太子，並任命御前大臣載垣、端華、景壽、大學士肅順和軍機大臣穆蔭、匡源、杜翰、焦佑瀛扶持朝政。他還授予皇后鈕祜祿氏「御賞」印章，授予皇子載淳「同道堂」印章，由其生母慈禧掌管。

那些顧命大臣們擬旨後要同時加蓋「御賞」和「同道堂」印章。這樣，八大臣同兩宮太后之間便發生了矛盾。

同年十月，兩宮太后勾結恭親王奕訢，決定在北京發動政變。十一月二日，奕訢手捧蓋有玉璽和先帝兩枚印章的聖旨，宣佈解除肅順等人的職務，並逮捕了載垣、端華，革除了景壽、穆蔭、匡源、杜翰、焦佑瀛等人的職務。隨後，慈禧下令殺死了肅順，並逼死了載垣、端華，其他的五位大臣革職的革職，充軍的充軍。

接著慈禧宣佈廢除原來的年號，改公元一八六二年為同治元年，由於皇帝年幼，由東、西二太后垂簾聽政，同時提拔恭親王奕訢為議政王大臣。

這樣，慈禧太后就正式掌握了清政府的大權，自此掌握清政府最高權力達四十餘年。由於這一年是農曆辛酉年，故又稱「辛酉政變」，歷史上也叫「北京政變」。

洋務運動

從公元一八六一年底至一八九四年，清政府中的一些官僚打著「自強」和「求富」的旗號，在軍事、政治、經濟、教育及外交等方面進行了一系列的革新運動，史稱「洋務運動」。

　　洋務運動的代表人物在中央有奕訢、李鴻章等，在地方則有曾國藩、左宗棠以及張之洞等。洋務運動開始時，是以「自強」中心。洋務派在天津、上海、廣州、福州、武昌等地聘用外國教官，訓練人員。

　　他們創辦各種兵工廠，製造槍炮和船艦。比如，曾國藩在安慶首先設立的內軍械所，並在蘇州設立洋炮局。公元一八六五年，李鴻章創立江南製造總局，專門製造槍炮和輪船。同年，李鴻章又把蘇州的洋炮局遷至南京，擴充為金陵製造局。公元一八六六年，左宗棠在福州創設專造輪船的福州船政局。隨後，洋務派又在西安、蘭州、福州、廣州、北京等地相繼設立了中小型軍火工廠，這對促進中國軍事科技的進步產生了重要作用。

　　公元一八七五年，李鴻章和沈葆楨分別負責籌建北洋、南洋海軍。由於各種原因，當時出現了資金缺少、材料、燃料和運輸等方面的困難，洋務派又提出了「求富」的口號，並將整個洋務運動推向了高潮。但是，隨著公元一八九五年，北洋艦隊的全軍覆沒，洋務運動也宣告失敗。洋務運動儘管失敗了，但是它卻有力地促進了中國軍事、經濟、科技、文化和教育等方面的發展。

設立總理衙門

　　總理衙門，全稱為總理各國事務衙門，是滿清政府為了外交事務而特別設立的辦事機構。咸豐十年（公元一八六〇年），清政府簽訂了喪權辱國的《北京條約》後，外交事務逐漸增加，迫切需要成立一個專門的中央機構來處理，這樣總理衙門應運而生。

　　它成立於一八六二年三月，主要職責是派出駐外國使節處理外交事務，並兼管通商、海防、關稅、路礦、郵電、軍工、同文館、

派遣留學生等事務。總理衙門由王公大臣或軍機大臣直接領導，設立大臣和章京兩級職官，具體設有總理大臣、總理大臣上行走、總理大臣上學習行走、辦事大臣職務。

成立之初，奕訢、桂良、文祥三人為大臣，其中恭親王奕訢擔任的時間最長，有二十八年之久。總理衙門與外國侵略者有密切的關係，其中英國人赫德任總理衙門總稅務司長達四十多年。可以說，總理衙門是外國侵略者進一步控制滿清政府的工具，也逐步成為晚清政府重要的決策機構。

阿古柏入侵新疆

公元一八六四年新疆各族人民發動了大規模的反清運動，但各種反清上層之間為爭奪領導權，互相攻殺，形成若干地方割據勢力，其中克伯克一派向中亞伊斯蘭教汗國浩罕求援。公元一八六五年，浩罕軍事頭目阿古柏野心勃勃地進入南疆。

阿古柏的入侵首先遭到當地維吾爾、柯爾克孜族人民的抵抗。但是由於各支割據勢力不能團結抗敵，阿古柏輕易攻下了喀什回城（今喀什市）。此後，阿古柏又裡應外合地佔領了葉爾羌和庫車。阿古柏依靠外國勢力，不斷武裝自己的軍隊。公元一八七〇年五月，阿古柏大舉進軍吐魯番，當地人民頑強抵抗，予以阿古柏重創，但由於叛徒的出賣，最終吐魯番淪陷。

之後，阿古柏入侵烏魯木齊，當地數十萬軍民共同抗敵，戰鬥異常激烈，阿古柏殺紅了眼，連婦女兒童都沒有放過，他隨後控制了烏魯木齊至吐魯番一帶。此後，阿古柏在新疆建立起殘酷的統治，當地各族人民生活在水深火熱之中。

公元一八七八年，清政府派兵收復新疆，驅逐了阿古柏，從而

結束了新疆人民這段殘酷血腥的歷史。

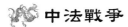 中法戰爭

公元一八八三年十二月十四日，法國侵佔越南，並向派駐越南的中國軍隊發動進攻，法國遠東艦隊司令孤拔率領六千餘法軍由河內出發，分兩路向紅河中游戰略要地山西發動進攻。劉永福率領的黑旗軍和清軍奮力抗擊，後來由於寡不敵眾被迫撤退。第二年三月，法軍採取迂迴的方式進攻並搶佔了清軍重點把守的北寧，此後又接連攻下諒江、太原等地，迅速控制了整個紅河三角洲。

隨後，清政府同法國簽訂《中法會議簡明條款》，承認法國在越南的統治，並開始撤軍。這是中法戰爭的第一階段。公元一八八四年六月，法國將戰火擴大到中國東南沿海一帶，福建海軍馬尾慘敗後，清政府才被迫正式對法國宣戰。

一八八五年三月二十三日，滇軍和黑旗軍在臨洮附近大敗法軍，逐漸扭轉了對法軍連戰連敗的態勢。同時，東線清軍在老將馮子材的指揮下，取得了震驚中外的鎮南關大捷，徹底扭轉了戰局，清軍逐步收復了諒山等地。正當清軍取得節節勝利的時候，清政府卻害怕起來，於四月四日與法國簽訂了《停戰協定》。六月九日，又在天津簽訂了屈辱的《中法新約》。

馬尾海戰

馬尾是福建省福州市東南的一個港口，四周被群山環抱，海面開闊而且水深，可以停靠巨型船舶與軍艦，清政府將福建水師和洋務派創建的福州造船廠都設在此。光緒十年（公元一八八四年），法國遠東艦隊司令孤拔率領六艘軍艦進入福建馬尾港，清政府由於

228

害怕外國勢力，採取了默許的態度，並下令福建水師不得抵抗。

但是法國侵略者得寸進尺，要求福建水師撤出馬尾港，否則就開戰。隨後法國軍艦率先發起了進攻，福建水師倉促應戰，當時福建水師有兵船十一艘，運輸船十九艘。然而剛開戰不久，清朝福建海疆事宜大臣張佩綸和福建巡撫張兆棟等主要將領便嚇得逃跑了。

在十分危急的情況下，福建水師的下層官兵們奮力反抗，其中巡洋艦「揚武」號雖然被敵艦擊中即將沉沒，仍然擊中了法國旗艦「富爾達」號，並擊斃五名水手。然而由於實力懸殊，這場戰鬥持續了不到一個小時，福建水師就宣告失敗，清朝軍艦、戰船全軍覆沒，而法軍僅死了五人。

馬尾海戰的失敗體現了清政府的軟弱無能，也是當時中國海軍實力遠遠落後於西方的表現。

鎮南關大捷

公元一八八四年，法國侵略軍進犯滇、桂邊境。年近古稀的老將馮子材以高、雷、欽、廉四州團練督辦的身份參與抗戰。公元一八八五年二月，新任兩廣總督張之洞起用馮子材為廣西關外軍務幫辦，率領王孝祺、王德榜、蘇元春等將領駐守鎮南關。

馮子材巡視鎮南關防務，料定鎮南關外二里多遠的東嶺是敵軍進犯的必經之路，便連夜構築一道長三里、高七尺，寬四尺的土石長牆，並在緊要處建堡壘，佈置兵力，積極備戰。第二天法軍從諒山方向來犯，馮子材一面率部隊迎戰，一面調援軍。

在馮子材愛國熱忱的激勵下，將士們奮不顧身，衝出長牆，拼命殺敵，壓倒了敵人的氣焰。恰巧援軍趕到，打退了法軍，保住了陣地。第二天，法軍傾巢出動，在開花大炮掩護下，主力部隊猛攻

長牆。馮子材率二子馮相華和馮相榮率先躍出戰壕，撲向敵人，隨後大家一起吶喊殺出，爭先恐後，衝進敵陣，展開肉搏戰。

敵人的開花大炮喪失了威力，但見清軍將士刀矛飛舞，殺聲震天，敵人屍橫遍野，法軍大敗，全線崩潰。馮子材取得鎮南關大捷之後，乘勝出擊，收復諒山。諒山一仗，斃傷法軍一千餘人，扭轉了中法戰爭整個戰局，法國茹費理內閣也因此倒臺。

簽訂《中法新約》

公元一八八三年十二月至一八八五年四月，由於法國侵略越南進而侵略中國，中法戰爭爆發。戰爭最初在越南北部山西引發，之後又進一步擴大到中國東南沿海。鎮南關大捷後，正當馮子材聯合各路清軍將領，準備分兵南下收復越南河內、太原的時候。一八八五年四月七日，清政府卻突然下達了「乘勝即收」、停戰撤兵的命令。

最後法國強迫清政府簽訂了喪權辱國的不平等條約。當時人稱：「法國不勝而勝，中國不敗而敗。」公元一八八五年夏，李鴻章和法國公使巴德諾在天津簽訂《中法新約》。

條約規定：清政府承認法國對越南的殖民統治；在中越邊界開闢商埠；降低法國從雲南、廣西進出口貨物的稅率；允許法國在中國投資建築鐵路；法國撤退基隆和澎湖的軍隊。透過這個條約，法國達到了侵略越南的目的，打開了中國西南的門戶，並取得了在中國修築鐵路的特權。

簽訂《璦琿條約》

沙俄在強佔我國黑龍江大片領土後，企圖威逼清政府承認既成

事實，於公元一八八五年派海軍上將普提雅廷乘兵船到天津，向清政府提出以黑龍江和烏蘇里江為界的要求，稱之為「外交上的遠征」，遭到清政府的拒絕。

但沙俄並未死心，又赴南方與英、法、美相勾結。並於一八五八年趁英法聯軍攻陷大沽、威脅北京之際，用武力逼迫清政府簽訂了不平等條約——《瑷琿條約》。

其主要內容為：黑龍江以北、外興安嶺以南六十多萬平方公里的中國領土劃歸俄國，瑷琿對岸精奇里江（今俄羅斯結雅河）上游東南的一小塊地區（後稱江東六十四屯）保留中國方面的永久居住權和管轄權；烏蘇里江以東的中國領土劃為中俄共管；原屬中國內河的黑龍江和烏蘇里江只准中、俄兩國船隻航行。

創建北洋海軍

清朝軍隊在鴉片戰爭中的屢次失敗和《南京條約》的嚴酷現實，促使清朝統治集團中的一些有識之士睜開雙眼，開始觀察外面的世界。

抗英名臣林則徐和思想家魏源大膽發出了「師夷長技以制夷」的吶喊，要學習西方國家「堅船利炮」等先進的科學技術以抵禦外來侵略，並初次提出了創建近代海軍的草案。

公元一八七四年，日本尋找藉口出兵侵犯臺灣，此事雖以和議告終而未開啟更大戰端，卻在全國朝野上下引起更強烈的震動。由此，在內部引發了一場轟轟烈烈的「海防大討論」。此時身任直隸總督兼北洋大臣的李鴻章，呈交了洋洋萬言的《籌議海防折》，陳述了海軍海防大業的重要戰略意義，要求大舉興辦近代化的海軍海防。

李鴻章在奏摺中還闡述了關於海防的具體實施辦法。提出國防應以陸軍為主，海軍設立南洋、東洋、北洋三支水師。

要建立近代海軍，必須解決船艦問題。李鴻章最初主張自己製造，後來轉向從英國和德國買船為主、造船為輔的方針。此外，李鴻章還雇傭了一批洋人擔任技術人才。

公元一八八八年十月，在李鴻章的苦心籌辦下，海軍衙門上奏慈禧太后並獲准頒行《北洋海軍章程》，標誌著北洋海軍正式組建成軍。

🐉 甲午戰爭

中日甲午戰爭是公元一八九四年七月末至公元一八九五年四月日本侵略滿清和朝鮮的戰爭。於光緒二十年（公元一八九四年）爆發，時年為甲午年，故稱甲午戰爭。

明治維新後，日本開始加速發展在朝鮮的勢力，促使朝鮮脫離清政府控制，成為「獨立國」。公元一八九四年春，朝鮮爆發東學黨農民起義，朝鮮政府請求清政府派兵協助鎮壓。日本政府也誘使清政府派兵，為自己出兵朝鮮製造藉口。

清政府接到朝鮮政府請求後派兵進駐朝鮮。七月二十五日，日軍驅逐屯駐牙山的清軍，在豐島海面對清朝海軍發動突然襲擊，擊沉清軍運兵船「高升」號。同時日本陸軍向駐牙山的清軍隊發起進攻。八月一日，清日政府同時宣戰，甲午戰爭開始。

甲午戰爭中，一開始在清政府內部出現了以光緒帝為主的主戰派和以慈禧太后為主的主和派。在戰爭過程中，隨著清軍節節敗退，主和派慢慢占了上風。旅順口失陷後，日本海軍在渤海灣獲得重要的根據地，從此北洋門戶洞開，北洋艦隊深藏威海衛港內，戰

局更加急轉直下。

威海衛之戰致使清朝大軍全線潰退。隨著戰爭的失利，大清國進一步加緊了乞降行動。二月十一日，清政府決定派李鴻章為全權大臣，赴日議和。四月十七日，李鴻章與日本內閣總理大臣伊藤博文及外務大臣陸奧宗光在馬關春帆樓簽訂《馬關條約》，戰爭結束。

設立同文館

同文館是清代最早培養譯員的洋務學堂和從事翻譯出版的機構。清政府自鴉片戰爭後，屢次與帝國主義列強交涉，深感語言不通、文字隔閡。左宗棠、李鴻章等堅持學習西方。

於是在同治元年（公元一八六二年），恭親王奕訢等奏准設立了京師同文館，附屬於總理衙門，設管理大臣、專管大臣、提調、幫提調及總教習、副教習等職。總稅務司英國人赫德任監察官，實際操縱館務。

先後在館任職的外籍教習有包爾騰、傅蘭雅、歐禮斐、馬士等，中國教習有李善蘭、徐壽等。

該館為培養翻譯人員的「洋務學堂」，最初只設英文、法文、俄文三班，後陸續增加德文、日文及天文、算學等班。公元一九〇二年一月，同文館併入一八九八年創建的中國第一所具有現代意義的大學——京師大學堂。

實施門戶開放政策

在甲午戰爭後出現的瓜分中國狂潮中，西方列強競相在中國租借土地，劃分勢力範圍。

美國國務卿海約翰於一八八九年九月照會英、德、俄、日、

意、法各國，提出對中國實行「門戶開放」政策，即承認各國在中國的「勢力範圍」、租借地和既得利益，各國所屬口岸和鐵路對一切船隻貨物通用現行中國約定關稅率，並按同一標準收取路費。

一九〇〇年七月三日當義和團運動進入高潮，八國聯軍準備進攻京、津之際，海約翰再次照會各國，主張保持中國領土和行政的完整，維護各國在中國各地平等公正貿易的原則。這是把最初的開放「勢力範圍」和租借地的政策應用到整個中國，形成「門戶開放」政策。

門戶開放政策的實質，是為了緩和列強間的爭奪和消弭中國人民的反抗，由列強在中國建立「國際共管體系」。

公車上書

公元一八九四年中日甲午戰爭，清朝敗給日本。一八九五年春，參加乙未科科考的各省舉人正在北京考完會試，等待放榜。清政府和日本簽訂《馬關條約》，割讓臺灣及遼東，賠款二億兩白銀的消息突然傳至，在北京應試的舉人群情激憤。

四月二十二日，康有為、梁啟超寫成一萬八千字的「上今上皇帝書」，反對簽訂喪權辱國的《馬關條約》，痛陳民族危亡的嚴峻形勢，提出拒和、遷都、練兵、變法的主張。

十八省舉人回應，一千兩百多人連署。五月二日，康有為聯合在北京會試的舉人一千三百多人於松筠庵會議，聯名上書光緒皇帝，上書雖被都察院拒絕，但在全國廣泛流傳，是資產階級改良思潮發展為政治運動的起點，史稱「公車上書」。

戊戌變法

戊戌變法又名維新變法，其高潮為百日維新。康有為、梁啟超領導的「公車上書」揭開了維新變法的序幕。

為了把維新變法推向高潮，一八九五年八月，康有為、梁啟超等人在北京出版《中外紀聞》，宣傳變法，組織強學會。一八九六年八月，《時務報》在上海創刊，成為維新派宣傳變法的輿論中心。一八九七年冬，嚴復在天津主編《國聞報》，成為與《時務報》齊名的在北方宣傳維新變法的重要陣地。

一八九七年十一月，德國強佔膠州灣，引起了全國人民的激憤。十二月，康有為第五次上書，陳述列強瓜分中國，形勢迫在眉睫。一八九八年一月二十九日，康有為上《應詔統籌全域折》。四月，康有為、梁啟超在北京發起成立保國會，在維新人士和帝黨官員的積極推動下，六月十一日，光緒皇帝頒佈「明定國是詔」詔書，宣佈變法。

新政從此日開始，到九月二十一日慈禧太后發動政變，囚禁光緒皇帝，殺死譚嗣同等人為止，歷時一百零三天，史稱「百日維新」。

義和團運動

公元一八九八年，戊戌變法失敗後，中華民族的危機繼續加深。在帝國主義瓜分中國的狂風惡浪面前，廣大下層民眾發自內心的愛國情感，掀起了一場反帝排外的風潮。這就是義和團運動，山東各地的義和團多次與外國教會發生衝突，引起了官府恐慌。

山東巡撫張汝海上書朝廷，要求採取安撫、收編政策，把義和

團收編，朝廷沒有理睬。毓賢為山東巡撫時，義和團迅速發展，他們打出「扶清滅洋」的旗幟。外國列強十分恐慌，他們派兵燒毀村莊、濫殺百姓，企圖鎮壓義和團，還要求清政府下令取締義和團。

清政府迫於壓力，調袁世凱接任山東巡撫。袁世凱一上任，立即發佈了《禁示義和團匪告示》，義和團運動不僅沒有被鎮壓下去，反而勢力越來越強大。一九〇〇年六月，義和團總數達到二十多萬人。

聲勢浩大的義和團運動，沉重地打擊了帝國主義在華利益。英、德、美、法等國公使聯合照會清政府，要求清廷限期剿除義和團。六月十七日，八國聯軍正式挑起大舉入侵中國的戰爭，他們首先攻佔了大沽口炮臺，大沽口失守後，義和團和清軍開始了天津保衛戰。

義和團運動在八國聯軍的鎮壓下宣告失敗。義和團運動是一次自發的反帝愛國的群眾運動，它雖然存有籠統排外和宗教迷信等局限性，但它沉重地打擊了列強。

八國聯軍入侵

八國聯軍是指公元一九〇〇年以軍事行動進入中國的英、法、德、俄、美、日、意、奧的八國聯合軍隊，總人數約三萬人。

甲午戰爭以後，由於帝國主義國家進一步加緊對中國的侵略，拼命掠奪中國，劃分勢力範圍，激起了中國人民的不斷反抗，終於爆發了聲勢浩大的義和團運動。

帝國主義各國對義和團運動一方面感到驚恐不安，一方面卻認為這是入侵中國的極好機會。於是，西方列強紛紛製造出兵鎮壓義和團和瓜分中國的輿論。

　　隨後，德、日、俄、法、英、美、意、奧八個帝國主義國家組成侵華聯軍，於一九〇〇年六月十七日攻佔大沽炮臺，七月十四日攻陷天津，八月二日集兵兩萬，自天津沿運河兩岸進發，於八月十四日凌晨來到北京城外，向北京發起總攻，至十六日晚大致已佔領北京全城。

　　慈禧太后、光緒帝和親貴大臣逃往西安，而投降派奕訢和李鴻章與聯軍談和。

🐉 簽訂《辛丑合約》

　　八國侵略軍侵佔天津、北京後，進行了滅絕人性的燒殺搶劫。一九〇〇年十月，法國率先提出懲治禍首、賠款、拆除大沽炮臺等六項要求，作為與清政府談判的條件。

　　經各國公使多次會議加以補充、修改，十二月二十四日，十一國（八國之外加上比利時、西班牙和荷蘭）共同向清廷提出《議和大綱》十二條。清政府完全接受。一九〇一年（農曆辛丑年）九月七日，奕訢、李鴻章全權代表清政府，同這十一個國家在北京正式簽訂了喪權辱國的《辛丑各國和約》，簡稱《辛丑合約》。

　　其主要內容有：向各國賠償白銀四億五千萬兩；在北京東交民巷設立使館區，不准本國人在此居住；拆毀北京到大沽沿線的炮臺；清政府鎮壓反帝運動，查辦與帝國主義作對的官吏；把總理衙門改為外務部。

　　《辛丑合約》使中國的主權進一步淪喪。北京的使館區內列強駐兵、行政獨立，成了「國中之國」。外國取得了北京至山海關的駐兵權，使中國京師關防洞開、無險可守。《辛丑合約》簽訂後，中國完全淪為半殖民地社會。

🐉 京劇的形成

清乾隆五十五年（公元一七九〇年）江南久享盛名的徽班「三慶班」入京為乾隆八旬「萬壽」祝壽。徽班是指演徽調或徽戲的戲班，清代初年在南方深受歡迎。繼此，許多徽班接踵而來，其中最著名的有三慶、四喜、春台、和春，習稱「四大徽班」。

四大徽班進京，被視為京劇誕生的前奏。一八二八年以後，一批漢戲演員陸續進入北京。漢戲又名楚調，現名漢劇，以西皮、二黃兩種聲腔為主，尤側重西皮，是流行於湖北的地方戲。由於徽、漢兩個劇種在聲腔、表演方面都有血緣關係，所以漢戲演員在進京後，大都參加徽班合作演出。

徽、漢兩班合作，兩調合流，經過一段時期的互相融會吸收，再加上京音化，又從崑曲、弋陽腔、秦腔不斷汲取營養，終於形成了一個新的劇種——京劇。第一代京劇演員的成熟和被承認，大約是在一八四〇年左右。

🐉 海蘭泡慘案

公元一九〇〇年七月，俄羅斯悍然出動十多萬侵略軍以「護路」為名，大舉侵入我國東北地區，製造了駭人聽聞的「海蘭泡慘案」。

海蘭泡是黑龍江畔的一個村莊，原名孟家屯，後改稱海蘭泡。一九〇〇年，這裡大約有三萬八千人，半數以上是中國人，他們長期以來就在這裡耕種、作工、經商。

一九〇〇年七月上旬，俄羅斯當局下令通知海蘭泡的中國居民，中俄兩國要打仗，要把他們送過江去，各家不許閉門上鎖。七

月十五日下午，俄軍突然封鎖黑龍江，扣留全部船隻，不准中國居民過江。七月十六日，俄軍關押數千名中國人，並把中國人的住宅和商店洗劫一空，然後對中國人進行屠殺。

從七月十六日至二十一日，俄軍在海蘭泡共進行了四次大屠殺，奪去六七千名中國人的生命。這就是所謂的「海蘭泡慘案」。

🐉 日俄戰爭

為爭奪殖民地和勢力範圍，日俄兩國大力擴軍備戰，積極對中國進行掠奪瓜分。日本從中國割取遼東半島、臺灣和澎湖列島，並將朝鮮納入勢力範圍。

俄國早已覬覦中國渤海灣口的不凍港旅順，為實現其獨吞中國東北的計畫，它聯合法、德進行干預，迫使日本作出讓步，由中國付鉅資「贖回」遼東半島。

日本對此極不甘心，決意擴軍備戰，以武力同俄國爭奪遠東霸權。公元一九〇三年八月，雙方就重新瓜分中國東北和朝鮮的問題舉行談判。由於俄國拒絕從中國東北撤軍，日本於一九〇四年二月六日向俄國發出最後通牒，並宣佈斷絕日俄外交關係。二月八日，日本聯合艦隊偷襲旅順港的俄國軍艦，不宣而戰。十日，日俄兩國政府分別宣戰，日俄戰爭正式開始。

日本透過旅順爭奪戰、對馬海戰等重大戰役戰勝了俄國。一九〇五年九月五日，俄國被迫同日本在樸茨茅斯簽訂了《日本和俄國和平條約》，即《樸茨茅斯和約》。和約規定：俄國承認朝鮮為日本的勢力範圍，並將其在中國遼東半島的租借權和東清鐵路的所有權轉讓給日本等。日俄戰爭給中、朝人民帶來了巨大的災難。

 詹天佑修建京張鐵路

詹天佑於公元一八七二年作為中國首批留學生赴美留學，一八八一年畢業於耶魯大學土木工程專業，回國後任中國鐵路公司工程師。

一九〇五年，清朝政府決定修建京張鐵路，即從北京到張家口的鐵路。剛提出修築的計畫，一些帝國主義國家都來爭奪這條鐵路的修築權，想進一步控制我國的北部。帝國主義者互不相讓，最後提出一個條件：清朝政府如果用本國的工程師來修築鐵路，他們就不再過問。他們以為這樣一要脅，最後還得求助於他們。

同年，清政府任命詹天佑為總工程師，修築從北京到張家口的鐵路。消息傳出，帝國主義者卻認為這是個笑話。可是詹天佑卻不怕困難，不怕嘲笑，毅然接受了任務，並且馬上開始勘測線路。遇到困難，他總是想：這是中國人自己修築的第一條鐵路，一定要把它修好。

鐵路經過青龍橋附近，坡度特別大。詹天佑順著山勢，設計了一種「人」字形線路。北上的列車到了南口就用兩個火車頭，一個在前邊拉，一個在後邊推。過青龍橋，列車向東北前進，過了「人」字形線路的岔道口就倒過來，這樣一來，火車上山就容易多了。

京張鐵路不滿四年就全線竣工了，比原來的計畫提早兩年。這件事給了藐視清朝政府的帝國主義者一個強而有力的反擊。

 安慶起義

安慶起義是清代末年，由光復會發動的一次反對清廷的武裝

起義。

　　徐錫麟，一八七三年生，浙江山陰（今紹興）人。一九〇四年
在上海加入光復會。一九〇五年到浙東聯繫會黨，又在紹興辦大通
學堂，藉此積蓄革命力量。後納粟捐官，以道員分發安徽候補，在
巡警處供職。一九〇七年與著名的女革命黨人、浙江同盟會負責人
秋瑾聯繫，準備於浙、皖兩省同時起義。

　　部署未定，嵊縣等地會黨先期發難失敗。一九〇七年七月六
日，徐錫麟倉促舉事，在安慶策劃、組織刺殺安徽巡撫恩銘，並率
領學生軍發動起義，攻佔軍械所，在激戰四個小時後，起義失敗。
徐錫麟和秋瑾等被捕，慷慨就義。安慶起義雖然失敗了，但是予以
清政府和帝國主義沉重的打擊。

頒佈《欽定憲法大綱》

　　公元一九〇八年，清政府頒佈了中國歷史上第一部憲法性文
件，共計二十三條，由「君上大權」和「臣民權利義務」兩部分構
成。由憲政編查館參照一八八九年《日本帝國憲法》制定，刪去了
日本憲法中限制君權的有關條款，充分體現了「大權統於朝廷」的
立法旨意。

　　《欽定憲法大綱》規定：「大清皇帝統治大清帝國萬世一系，永
永尊戴」，「君上神聖尊嚴，不可侵犯」。皇帝有權頒佈法律、發交
議案、召集及解散議會、設官制祿、黜陟百司、編訂軍制、統帥陸
海軍、宣戰媾和及訂立條約及在緊急情況下發佈代法律之詔令。並
且「用人之權」、「國交之事」、「一切軍事」，不付議院議決，皇帝
皆可獨專。

　　另外，又以附則形式規定，臣民有納稅、當兵、遵守法律的義

務，在法律範圍內，享有言論、著作、出版、集會、結社、擔任公職等權利和自由。《欽定憲法大綱》確認了君主立憲制的政治改革方向，但由於君權強大，議院立法權和監督權非常有限，臣民的自由權利微不足道，並缺乏有效保障。

《欽定憲法大綱》是清王朝在革命浪潮不斷高漲的形勢下制定和頒佈的，完全是為了鞏固君權，強化君權，所謂「立憲」只是一場騙局。

末代皇帝登基

公元一九〇八年，慈禧病重。但是，慈禧死到臨頭仍念念不忘把持政柄，在病逝前決定立三歲的溥儀為帝，並讓溥儀的親生父親載灃監國。並於十月二十日發下「懿旨」，召溥儀進宮。

接著，光緒、慈禧在兩天中相繼死去，慈禧死後舉行了正式的國喪，消息傳開，很多人公開歡慶。十二月二日，溥儀在太和殿正式登基，改年號為宣統，由光緒皇后隆裕和載灃攝政。

在十二月二日的登基大典上，三歲的溥儀被放在又高又大的皇座上。侍衛內大臣和文武百官列隊，一個個到他面前宣誓效忠。當時天氣寒冷，溥儀不停地哭鬧，載灃急得滿頭是汗，只好哄他說：「別哭別哭，快完了。」他說這話意在安慰溥儀，卻給文武百官留下了慘澹的印象。

溥儀登基僅四年後，便在轟轟烈烈的革命潮流中宣佈退位。

附錄一：中國歷代帝王之最

中國一共出現了八十三個王朝，皇帝更是不計其數，從秦始皇開始算起，秦朝二位，漢朝三十一位，三國十一位，晉朝十六位，五胡十六國七十八位，南北朝五十九位，隋朝三位，唐朝二十二位，五代十國五十五位，宋朝十八位，金遼西夏三十五位，元朝十八位，明朝十六位，清朝十二位，算上南明、北元，李自成、張獻忠、太平天國洪秀全父子以及稱帝僅八十三天的袁世凱，加起來一共四百零八位。

如果把秦始皇以前歷時八百四十年的東、西周朝和春秋、戰國時代的王、公、侯加進去，這一時期有王一百二十一位、公二百一十七位、侯二十三位。再把周朝以前的商朝、夏朝的六十帝也算進去，中國帝王一共有八百二十九位。

第一位太上皇

唐朝開國皇帝——唐高祖李淵（公元五六六年～公元六三五年）。玄武門之變後，李世民殺死李建成和李元吉，逼李淵立其為太子。不久，李淵被逼退位為太上皇，李世民即位。李淵在度過一段閒散失意的生活後，死於太安宮。

 最有作為的皇帝

　　唐太宗李世民（公元五九九年～公元六四九年），他在位二十三年間，國泰民安，社會安定，經濟發展繁榮，軍事力量強大，唐朝成為超級大國，四方來賀。同時，他還執行夷漢一家的政策，是歷史上民族關係最為良好的時期，在促進民族團結和融合中作出了巨大的貢獻。

 唯一一個正統的女皇帝

　　聖神皇帝武則天（公元六二四年～公元七〇五年）。她於公元六九〇年改國號為周，稱聖神皇帝，為帝十六年。

 即位時年齡最大的皇帝

　　武則天。即位時年已六十七歲。

 使用年號最多的皇帝

　　武則天。她當政時期，更換了十八個年號。武則天充分利用年號的更替，來標榜自己的正統地位和宣佈新紀元的開始，最終達到鞏固自己統治的目的。

 對文藝最有貢獻的皇帝

　　唐玄宗李隆基（公元六八五年～公元七六二年），他對戲劇、歌舞、音樂都深有研究，創建過戲劇活動中心──梨園，被歷來的戲曲藝人尊為梨園祖師。

最無恥的皇帝

後晉高祖石敬瑭（公元八九二年～公元九四二年），為了讓契丹援助自己當上皇帝，他竟稱比自己小十一歲的契丹耶律德光為「父皇帝」，自稱「臣」，為「兒皇帝」，並割讓燕雲十六州以及歲貢布帛三十萬給契丹。

最精於書畫的皇帝

北宋徽宗趙佶（公元一〇八二～公元一一三五年），他的書法自成一派，稱瘦金體，繪畫擅長花鳥，作品流傳至今。《書史會要》評價說：「徽宗行草正書，筆勢勁逸，初學薛稷，變其法度，自號瘦金書，意度天成，非可以形跡求也。」

經歷最奇特的皇帝

宋恭帝趙㬎（公元一二七一年～公元一三二三年）。他幼時在臨安（今杭州市）為南宋的帝王，青年時被元軍俘往大都（今北京），降為元朝的臣子，又被遷居於上都（今內蒙古自治區多倫縣西北），中老年時被遣入西藏為僧，成為佛門高僧和翻譯家，最後因文字獄被冤殺。

在位時間最短促的皇帝

金朝末帝完顏承麟（？～公元一二三四年），在位僅半日。在蒙古和南宋聯軍即將攻破金都蔡州之際，金哀宗完顏守緒不甘做亡國之君，遂傳位給完顏承麟。第二天，即位大典還未完成，宋蒙聯軍已攻入城內。完顏承麟草草完成大典，隨即帶兵出迎，不久便死

於亂軍之中。

 妻子最多的皇帝

元太祖鐵木真（公元一一六二年～公元一二二七年），即成吉思汗，共有四十四個妻子。

 最殘暴的皇帝

明太祖朱元璋（公元一三二八年～公元一三九八年）。胡惟庸一案，株連被殺的功臣及其家屬共計達三萬餘人；藍玉案一案，一萬五千餘人被株連。兩個案件後，明朝元功宿將已屠戮殆盡。

 妻子最少的皇帝

明孝宗朱祐樘（公元一四七〇年～公元一五〇五年），他是中國古代唯一實行一夫一妻制的皇帝。

 最善於木工的皇帝

天啟皇帝──明熹宗朱由校（公元一六〇五～公元一六二七年），後人稱他為「木匠皇帝」。其作品包括各色各樣的船模型、傢俱、漆器、硯床、梳匣等精巧木器，都很有藝術價值。據說他曾製造過一座微縮小宮殿，四尺來高，玲瓏巧妙，鬼斧神工。

 最懶惰的皇帝

萬曆帝──明神宗朱翊鈞（公元一五六三年～公元一六二〇年）。他在位四十八年，竟有二十八年不上朝聽政。

在位時間最長的皇帝

康熙帝——清聖祖愛新覺羅・玄燁（公元一六五四年～公元一七二二年），他在位達六十一年之久。

知識最淵博的皇帝

康熙帝。他對醫學很有興趣，曾在宮中設立實驗室，試製藥品，親自臨觀；還提倡種痘以防天花。此外，他對術數、天文、曆法等也都很有研究，還組織實施了中國地理大測繪這一偉大創舉，對世界地理學的貢獻不容低估。

兒女最多的皇帝

康熙帝，康熙共有三十五子、二十女，為中國歷代皇帝之最。

最辛苦的皇帝

雍正帝——清世宗愛新覺羅・胤禛（公元一六七八年～公元一七三五年），後人收集他在位十三年間朱批過的摺子就有三百六十卷，因此史學界有雍正是累死的說法。

壽命最長的皇帝

乾隆帝——清高宗愛新覺羅・弘曆（公元一七一一年～公元一七九九年），終年八十九歲。他根據自己的切身體會，總結出了養生四訣：「吐納肺腑，活動筋骨，十常四勿，適時進補。」其中「十常」即：齒常叩，津常咽，耳常撣，鼻常揉，睛常轉，面常搓，足常摩，腹常運，肢常伸，肛常提。「四勿」就是：食勿言，

臥勿語，飲勿醉，色勿迷。

 寫詩最多的皇帝

乾隆帝。據《四庫全書簡明目錄》載，其御製詩有四集，共收詩三萬三千九百五十首左右，遠遠超過了多產詩人陸游的九千多首。不過，這些詩中許多是由他的臣下草擬的，也有很多是糟粕之作。

最節儉的皇帝

道光皇帝——清宣宗愛新覺羅·綿寧（公元一七八二年～公元一八五〇年）。他發表節儉宣言書，用打鹵麵為皇后祝壽，以熱茶和燒餅為晚飯。以天子之尊崇尚節儉，而且畢其生如一日，道光皇帝堪稱首屈一指。然而，具有諷刺意味的是，道光帝的陵寢一拆一建，花費在清朝諸陵之首，甚至超過了乾隆帝陵寢的造價，真是生前啃燒餅，死後「住豪宅」。

最後一位娃娃皇帝

宣統帝——清憲宗愛新覺羅·溥儀（公元一九〇六～公元一九六七年），他於公元一九〇八年即位，當時只有三歲，公元一九一二年宣佈退位。

附錄二：中國朝代年表

夏商與西周，東周分兩段；春秋和戰國，一統秦兩漢；三分魏蜀吳，二晉前後延；南北朝並立，隋唐五代傳；宋元明清後，皇朝至此完。

朝代		延續年數	都城	開國皇帝
夏朝		公元前 2070 年～公元前 1600 年	陽城	禹
商朝		公元前 1600 年～公元前 1046 年	殷	湯
西周		公元前 1046 年～公元前 771 年	鎬京（今西安西南）	周文王姬發
東周	春秋	公元前 770 年～公元前 475 年	洛邑（今洛陽）	周平王姬宜臼
	戰國	公元前 475 年～公元前 221 年	洛陽	
秦朝		公元前 221 年～公元前 206 年	咸陽（今西安附近）	始皇帝嬴政
西漢		公元前 206 年～公元 25 年	長安（今西安）	漢高祖劉邦
新		公元 9 年～公元 25 年	長安	王莽

朝代		延續年數	都城	開國皇帝
東漢		公元 25 年～公元 220 年	洛陽	漢光武帝劉秀
三國	魏	公元 220 年～公元 265 年	洛陽	魏文帝曹丕
	蜀（漢）	公元 221 年～公元 263 年	成都	漢昭烈帝劉備
	吳	公元 222 年～公元 280 年	建業（今南京）	吳大帝孫權
西晉		公元 265 年～公元 317 年	洛陽	晉武帝司馬炎
東晉		公元 317 年～公元 420 年	建康（今南京）	晉元帝司馬睿
南朝	宋	公元 420 年～公元 479 年	建康	宋武帝劉裕
	齊	公元 479 年～公元 502 年	建康	齊高帝蕭道成
	梁	公元 502 年～公元 557 年	建康	梁武帝蕭衍
	陳	公元 557 年～公元 589 年	建康	陳武帝陳霸先

朝代		延續年數	都城	開國皇帝
北朝	北魏	公元 386 年～公元 534 年	洛陽	魏道武帝 拓跋珪
	東魏	公元 534 年～公元 550 年	鄴	魏孝靜帝 元善見
	北齊	公元 550 年～公元 577 年	鄴	齊文宣帝 高洋
	西魏	公元 535 年～公元 556 年	長安	魏文帝 元寶炬
	北周	公元 557 年～公元 581 年	長安	周孝閔帝 宇文覺
隋朝		公元 581 年～公元 619 年	洛陽	隋文帝 楊堅
唐朝		公元 618 年～公元 907 年	長安	唐高祖 李淵

朝代		延續年數	都城	開國皇帝
五代十國	後梁	公元 907 年～公元 923 年	大樑（開封）	梁太祖 朱晃
	後唐	公元 923 年～公元 936 年	洛陽	唐莊宗 李存勖
	後晉	公元 936 年～公元 947 年	汴梁（開封）	晉高祖 石敬瑭
	後漢	公元 947 年～公元 950 年	汴梁	漢高祖 劉暠
	後周	公元 951 年～公元 979 年	汴梁	周太祖 郭威
宋朝		公元 960 年～公元 1127 年	東京（開封）	宋太祖 趙匡胤
南宋		公元 1127 年～公元 1279 年	臨安（今杭州）	宋高宗趙構
遼		公元 916 年～公元 1125 年	上京	遼太祖 耶律阿保機
金		公元 1115 年～公元 1234 年	中都（北京）	金太祖 完顏阿骨打
元朝		公元 1206 年～公元 1368 年	大都（北京）	元世祖 忽必烈
明朝		公元 1368 年～公元 1644 年	北京	明太祖 朱元璋
清朝		公元 1616 年～公元 1912 年	京師（北京）	清太宗 皇太極

改變中國的一千個瞬間②：隋唐時期～滿清皇朝

作　　　者	朴玉銘編著
發　行　人	林敬彬
主　　　編	楊安瑜
責任編輯	王聖美
內頁編排	詹雅卉（帛格有限公司）
封面設計	王志強
出　　　版	大旗出版社
發　　　行	大都會文化事業有限公司
	11051台北市信義區基隆路一段432號4樓之9
	讀者服務專線：(02)27235216
	讀者服務傳真：(02)27235220
	電子郵件信箱：metro@ms21.hinet.net
	網　　　址：www.metrobook.com.tw
郵政劃撥	14050529 大都會文化事業有限公司
出版日期	2014年3月初版一刷
定　　　價	250元
I S B N	978-986-6234-65-1
書　　　號	History50

Chinese (complex) copyright © 2014 by Banner Publishing,
a division of Metropolitan Culture Enterprise Co., Ltd.
4F-9, Double Hero Bldg., 432, Keelung Rd., Sec. 1,
Taipei 11051, Taiwan
Tel:+886-2-2723-5216　Fax:+886-2-2723-5220
E-mail:metro@ms21.hinet.net
Web-site:www.metrobook.com.tw

◎本書由鳳凰出版傳媒集團鳳凰出版社授權繁體字版之出版發行
◎本書如有缺頁、破損、裝訂錯誤，請寄回本公司更換。

國家圖書館出版品預行編目資料

改變中國的一千個瞬間②：隋唐時期～明清
皇朝/朴玉銘 編著. -- 初版. -- 臺北市：
大旗出版：大都會文化發行, 2014.3
256面 ; 21×14.8公分.

ISBN 978-986-6234-65-1 (平裝)

1.中國史 2.通俗史話

610.9　　　　　　　　　　102023443

大都會文化　讀者服務卡

書名：**改變中國的一千個瞬間②：隋唐時期～滿清皇朝**

謝謝您選擇了這本書！期待您的支持與建議，讓我們能有更多聯繫與互動的機會。

A. 您在何時購得本書：_____年_____月_____日

B. 您在何處購得本書：_____書店，位於_____(市、縣)

C. 您從哪裡得知本書的消息：
　　1.□書店　2.□報章雜誌　3.□電台活動　4.□網路資訊
　　5.□書籤宣傳品等　6.□親友介紹　7.□書評　8.□其他

D. 您購買本書的動機：（可複選）
　　1.□對主題或內容感興趣　2.□工作需要　3.□生活需要
　　4.□自我進修　5.□內容為流行熱門話題　6.□其他

E. 您最喜歡本書的：（可複選）
　　1.□內容題材　2.□字體大小　3.□翻譯文筆　4.□封面　5.□編排方式　6.□其他

F. 您認為本書的封面：1.□非常出色　2.□普通　3.□毫不起眼　4.□其他

G. 您認為本書的編排：1.□非常出色　2.□普通　3.□毫不起眼　4.□其他

H. 您通常以哪些方式購書：(可複選)
　　1.□逛書店　2.□書展　3.□劃撥郵購　4.□團體訂購　5.□網路購書　6.□其他

I. 您希望我們出版哪類書籍：（可複選）
　　1.□旅遊　2.□流行文化　3.□生活休閒　4.□美容保養　5.□散文小品
　　6.□科學新知　7.□藝術音樂　8.□致富理財　9.□工商企管　10.□科幻推理
　　11.□史地類　12.□勵志傳記　13.□電影小說　14.□語言學習（_____語）
　　15.□幽默諧趣　16.□其他

J. 您對本書(系)的建議：

_____

K. 您對本出版社的建議：

_____

讀者小檔案

姓名：_____　性別：□男 □女　生日：____年____月____日

年齡：□20歲以下 □21～30歲 □31～40歲 □41～50歲 □51歲以上

職業：1.□學生 2.□軍公教 3.□大眾傳播 4.□服務業 5.□金融業 6.□製造業
　　　7.□資訊業 8.□自由業 9.□家管 10.□退休 11.□其他

學歷：□國小或以下 □國中 □高中／高職 □大學／大專 □研究所以上

通訊地址：_____

電話：（H）_____（O）_____傳真：_____

行動電話：_____ E-Mail：_____

◎謝謝您購買本書，也歡迎您加入我們的會員，請上大都會文化網站 www.metrobook.com.tw
登錄您的資料。您將不定期收到最新圖書優惠資訊和電子報。

北 區 郵 政 管 理 局
登記證北台字第9125號
免　貼　郵　票

大 都 會 文 化 事 業 有 限 公 司

讀 者 服 務 部 　　　 收

11051台北市基隆路一段432號4樓之9

寄回這張服務卡〔免貼郵票〕
您可以：
◎不定期收到最新出版訊息
◎參加各項回饋優惠活動